INNOVATION
国語授業イノベーションシリーズ

「一瞬」で読みが深まる
「もしも発問」の国語授業

髙橋達哉
［著］

東洋館出版社

「もしも発問」によって、「一瞬」で読みが深まる

筑波大学附属小学校
桂　聖

「もしも発問」によって、教室の空気が「一瞬」で前向きに変わります。「当てて！」というように、多くの子どもがピンと手を挙げます。多様な読みを引き出すとともに、論理的な読み方を確認・共有できます。「もしも発問」は、「一瞬」のうちに、子どもの様々な解釈を「拡散的・創造的」に引き出した上で、論理的な読み方を「収束的・発見的」に深く学べるようにする革新的な発問です。

従来の「読むこと」の授業では、子どもが「受け身」になりがちでした。文章の確認に終始することが多かったからです。「確認読み」だけではなくて、子どもの個性的で創造的な「解釈読み」を「拡散」的に引き出すことが重要です。

一方、様々な解釈読みを「拡散するだけ」の授業も多く見受けられました。多様な解釈を出し合うこと自体は良いことです。しかし、それだけでは、どんな「読み方」が大事なのかが子どもにはわかりません。

読むことの授業では、全ての子どもの解釈を「拡散的・創造的」に引き出しつつ、その読み深め方を「収束的・発見的」に深く学べるようにすることが大切です。「もしも発問」は、こうした深い読みを「一瞬」で引き出すことができる発問なのです。

例えば、2年生物語文「お手紙」で、『親友』という言葉ではなくて、もしもきみが『友達』であることをうれしく思っています……だったら、がまくんは、やはり、とてもいいお手紙だと思うかな？」と問いかけます。もちろん「友達でも嬉しい」という子もいます。しかし、多くは「友達よりも親友と呼ばれた方が嬉しい」のように、「友達」と「親友」との言葉の違いを比較して読み始めます。また、「同じクラスの～君は、僕の親友。親友の方が、友達よりも仲が良い。だから親友と言われた方が良い」のように、自分の知識・

経験と結び付けて読む子もいます。「もしも発問」によって、がまくんの心情変化のきっかけをとらえたり、作品の主題「親友と呼ばれることの大切さ」にふれたりできるというわけです。

高橋達哉先生も参考文献で紹介してくれていますが、「もしも発問」は、私流に言えば、「仮定」という「教材のしかけ」の一つです。「もしも～だったら」と「仮定」することで、様々な解釈を引き出したり、論理的な読み方を確認したりします。

また、「もしも発問」は、「ゆさぶり発問」とも言えます。例えば「『友達』と『親友』って意味は同じだよね。別に『親友』って言わなくても、『友達』という言葉でもいいよね？」のようにして、教師があえて「不適切な解釈」を投げかけます。すると、「違うよ！『友達』よりも『親友』の方が嬉しいよ」など、子どもの「主体的な動き」や「適切な解釈」を引き出します。「ゆさぶり発問」も、「もしも～だったら」のようにして「不適切な解釈」を仮定しているからです。

私も、これまでに「仮定のしかけ」や「ゆさぶり発問」を提案してきました。しかし、それらを「もしも発問」として分類・整理し、授業レベルでより活用できるようにしたのは、髙橋先生のオリジナルです。「もしも発問」によって、受動的で深まりがない国語授業を、能動的で深い学びを引き起こす国語授業に「一瞬」で変えることができます。「もしも発問」は、「日本の国語教育を変える」髙橋先生による革新的なアイデアだと言っていいでしょう。

日本各地の教室で「もしも発問」による国語授業が実践されていくことで、「国語が楽しい！」「なるほど、そうか！」「学び合えてよかった！」のような「子どもたちの声」が増えていくと信じています。

※本書は「国語授業イノベーション」シリーズの第3号です。拙編著『「Ｗｈｉｃｈ型課題」の国語授業』を原点（ゼロ号）として、一人一人の実践者・研究者が「日本の教育を変える」という精神をもって、国語授業の改革に挑みます。今後のシリーズ本も、どうぞご期待ください。

はじめに

授業を構想するとき、どんなことを大切にしていますか？

私は、子どもたちの「学びに対する意欲」を引き出すことを、いつも、いちばんに考えています。

「えっ、なんで⁉」

「なんか面白そう！」

「先生、意見があります！」

そんな、やる気に満ち溢れた子どもたちの声が響き渡る授業を、日々、目指しています。

では、どうすれば、そのような授業づくりができるのでしょうか。

広島大学で教鞭をとられていた吉本均先生の言葉に、次のようなものがあります。

「発問の役割は、教師が教えたいことを、子どもが学びたいことに転化することである」

私は、この発想こそが、ポイントだと考えています。

まず、考えてみたいことは、「教師が教えたいこと」が「子どもが学びたいこと」に転化しないのは、どのような発問の場合かということです。

例えば、説明文の授業では、「筆者は、どのような順序で事例を説明していますか？」といった発問が、文学の授業では、「登場人物の気持ちが分かるのは、どのような表現ですか？」といった発問が一般的に行われます。これらの発問は、「教師が教えたいこと」を、直接的に問うている発問です。もちろん、このような直接的な発問で考えられる子どもを育てることは大切ですが、国語が苦手な子どもたちは、こうした発問では、なかなか「学びたい」という思いにはなれないかもしれません。

また、授業冒頭で、教師から一方的に学習課題が提示される場合はどうでしょうか。そこには、子どもたちの学びの必然性はありません。ある授業研究会の場で、山梨大学の岩永正史先生は、こうした学習課題のことを、「天から降ってくる学習課題」であると指摘されていました。

このように考えると「教師が教えたいことを、子どもが学びたいことに転化する」ためのキーワードは、「直接問わない」、そして、「学びの文脈」や「必然性」ということになるでしょうか。

本書で提案している「もしも発問」は、「もしも……」と仮定して考えることを促すことによって、指導内容である「教師が教えたいこと」に、間接的に導く発問の方法です。

次の五つの方法を提案しています。

①「ある」ものを「ない」と仮定する　②「ない」ものを「ある」と仮定する
③入れ替えを仮定する　④別のものを仮定する　⑤解釈を仮定する

また、新教材を含めた36教材の授業例においては、いかに自然な思考の流れをつくることができるかという観点から、発問の前後において、「補助発問」を積極的に行っています。

まさに、「学びの文脈」や「必然性」の重視です。

「もしも発問」の国語授業は、「教師が教えたいことを、子どもが学びたいことに転化する」ための授業づくりの方法の提案です。先生方の授業づくりのアイデアの一つに、加えていただければ幸いです。

髙橋達哉

もくじ

「一瞬」で読みが深まる「もしも発問」の国語授業

第2章 「もしも発問」の授業づくり

＊本書で扱う教材は、全て令和2年版の光村図書に収録されているものです。

第1章

「もしも発問」で「読むこと」の授業が変わる！

1 国語科授業の課題

国語科授業には、長年、指摘し続けられている課題があります。

それは、「一時間の授業における指導内容が曖昧になりがちである」[1]という課題です。言葉を変えると、一時間の授業において、「国語科という教科ならではの指導内容（教科内容と言われるもの）」が指導されたかどうかがはっきりしない（曖昧な）授業が多い、ということです。

具体的な例をもとに、考えてみたいと思います。

例えば、「ごんぎつね」の学習指導においては、「今日は、第二場面のごんの気持ちを考えて、明日は、第三場面のごんの気持ちを考えて……」のように、場面ごとに「人物の心情を捉える」ということが繰り返されます。しかし、果たして、場面ごとに「人物の心情を捉える」ということを繰り返し行うことで、国語科ならではの指導内容を、指導したことになるのでしょうか。

必ずしも、そうとは言えません。このような授業において、子どもたちは、「ごんぎつね」という作品の、それぞれの場面における「ごんの気持ち」についてはよく理解したとしても、「ごんぎつね」以外の文学的な文章を読む際に活用できる「人物の心情を捉える力」を身に付けることができたかどうかは、分からないからです。

こうした指導が行われている現状に対して、人物の心情を捉える活動を繰り返すことが重要なのではなく、人物の心情を捉えるという学習活動を通して、「人物の心情の捉え方」を指導することこそが重要であるという主張が、これまでにも行われてきました。それこそが国語科の教科内容を指導するということである、という主張です。しかしながら、筑波大学附属小学校国語教育研究部（二〇一六）が指摘しているように、近年においても、依然として、国語科授業は、一時間一時間の授業において、教科特有の教科内容として指導すべき内容がきちんと位置付けられていない、つまり、**一時間の授業を終えたときに、その時間で、子どもたちにどのような国語科の力が身に付いたのかがはっきりしない、という課題を抱えているのが現状です。**

【注】

（1）例えば、この問題を早くから指摘している阿部昇（二〇〇四）は、「小中高の国語科の授業を見る機会が度々あるが、それらの多くに共通する問題がある。それは、その授業で子どもたちに身につけさせようとする国語科の教科内容が曖昧であるということである。曖昧なままに授業を展開しているから、一見すると子どもたちが主体的に授業に取り組んでいるように見えても、その実、子どもたちにどういう「力」「学力」がついたかは、はっきりしない。」と述べています。

2 教師が教えたいことを、子どもが学びたいことへ

それならば、指導内容を明確にした授業を行えば、それで課題解決かというと、話はそう簡単ではありません。例えば、「人物の心情の捉え方」の指導として、「情景描写」という心情を捉える際の着眼点を指導内容として位置付けた授業を次のように行ったとしたら、どうでしょうか。

◆「この表現は情景描写と言って……」のような教師による一方向的な教え込みや解説型の授業

◆「この景色の表現からは、どんな心情が読み取れますか」といった直接的な発問による授業

このような授業では、子どもたちが意欲的に学習に取り組めない可能性があります。それは、教師が教えたいことを、直接教える授業になってしまうからです。

「はじめに」でも引用した吉本均の言葉に、次のようなものがあります。

・教師は、教えねばならないことを、教えてはならないのである。それを、直接に、教えることをしてはならないのである。それをこそ、子どもたち自身が、意欲的に選びとり、能動的に学びとるものにしなくてはならない。

・教えねばならないことは、子どもたちに「発見させる」のでなくてはならない。

（白石陽一・湯浅共正編、二〇〇六）

いくら私たち教師が、何を教えるかを明確にした授業を行ったとしても、子どもたちに学びへの必要感がなければ、ただの知識の注入であり、そこに学びの充実感、達成感はありません。「教師が教えたいことを、子どもが学びたいことに転化する」ことが必要なのです。

そこで、本書では、**指導内容を明確に位置付けるとともに、子どもの「学びたい」という意欲を引き出す授業づくりの方法として、「もしも発問」による授業づくり**を提案します。

3 「もしも発問」とは？

「もしも発問」とは、「読むこと」の授業において、教材の「内容」や「表現」を取り上げ、**「もしも、……だったら？」と、実際の文章とは異なる場合を「仮定する発問」**のことです。

例えば、「大造じいさんとガン」（光村図書5年）であれば、次のような発問が考えられます。

もしも、「あかつきの光が、小屋の中にすがすがしく流れこんできました。」という一文が、「朝になりました。空一面、どんよりとした雲が広がっていました。」だったら……？

発問だけでは分かりづらいと思いますので、実際の授業の流れも紹介します。

1 ――まず、第二場面におけるいくつかの文を抜き出して提示し、次のように発問します。

第二場面の中で、大造じいさんの「やる気や自信」が分かるのは、どの文ですか？
「大造じいさんは、うまくいったので、会心のえみをもらしました。」の文です。理由は……。
「小さな小屋を作って」と書かれている文です。どうしてかというと……。
私は、「しめたぞ。もう少しのしんぼうだ。あの群れの中に……。」の文で……。

2　――このように、子どもたちからは、「あかつきの光が……」の一文を取り上げた意見は出ません。そこで、次のように展開しました。

「あかつきの光が……」の一文を選んだ人はいませんね。
確かに、一人もいないですね。
それは、景色の表現だからですね。

3　――ここで、「もしも発問」を行います。

この一文は、単なる景色の表現ですから、もしも……「朝になりました。空一面、どんよりとした雲が広がっていました。」という一文だったとしても、問題ないですよね……？

「もしも発問」の一番のメリットは、指導内容である「教師が教えたいこと」を、子どもたちが「発見する」ような学びを演出することができることだと考えています。

先ほどの授業例の続きを見てみましょう。

4 ――「もしも発問」の後の反応。

C えっ、何か場面に合わない。

C 「どんよりした」だと、大造じいさんの気分も「どんより」している感じがしてしまいます。

C 元の「あかつきの光が……」の文だと、大造じいさんのやる気や自信が、少し伝わってきます。

C 景色の表現は、大造じいさんの気持ちとも関係しているのかもしれません。

5 ――最後に、心情が投影されている景色の表現を「情景描写」ということを確認します。

T みなさんの話し合いを整理すると、「あかつきの光が……」という景色の表現にも、大造じいさんの「やる気や自信」が表れているということですね。

C はい。「どんよりとした雲が……」だと、大造じいさんの心情とは合わないということです。

T 実は、このように、視点人物の心情が表れている景色の表現を「情景描写」と言います。みなさんが言ってくれたように、大造じいさんの「やる気や自信」は、行動描写や心内語だけでなく、情景描写からも読み取ることができるのですね。

「あかつきの光が……」の一文は、「情景描写」です。この景色の表現には、視点人物である大造じいさんの心情が投影されています。既習の「行動描写」や「会話文」等の着眼点に加え、視点人物の心情を把握するための新たな着眼点としての「情景描写」への理解を促すというのが、この授業における指導内容です。

「もしも発問」の前、「2」の部分を見てください。「情景描写」の一文を誰も選んでいないことについて、「それは、景色の表現だからですね」という発言があります。

この発言は、この時点では、「あかつきの光が……」の表現は、単なる景色を表す表現であり、大造じいさんの心情と結び付くものだとは捉えていないことを示すものです（もしかすると、無意識的には、心情とのつながりを理解している可能性はあります）。

しかし、教師の「もしも発問」を受けて、子どもたちは、次のような反応を示します。

C　えっ……、それは、なんか場面に合わないと思う。

C　「どんよりした」だと、大造じいさんの気分も「どんより」している感じがしてしまいます。

C　元の「あかつきの光が……」の文だと、大造じいさんのやる気や自信が、少し伝わってきます。

C　景色の表現は、大造じいさんの気持ちとも関係しているのかもしれません。

「あかつきの光が……」が、ただの景色の表現ではないことに気付き始め、そして、最終的には「景色の表現に心情が投影されている」ということを発見するのです（「情景描写」という学習用語については、教師から示します）。

もちろん、もっと直接的に、「『あかつきの光が……』の一文からは、大造じいさんのどんな心情が想像できるだろう?」という発問で授業を進め、「情景描写」を教えることもできます。

しかし、その発問の場合、子どもたち自身が「情景描写」を「発見」するような授業展開にはなりません。「景色の表現に心情が投影されている」ということが前提条件になっているからです。

つまり、「景色の表現に心情が投影されている」ということの「発見」を促すのではなく、「景色の表現に心情が投影されている」ということの「確認」を促すことになります。

このような発問は、指導のねらいに「直接的に導く」発問であると言えます。

それに対し、**「もしも発問」は、言わば、指導のねらいに「間接的に導く」発問方法**なのです。

先ほどの例でも、「あかつきの光が……」という「表現」と、大造じいさんの「心情」とには、「関係がある」（情景描写）ということに、二者の関係を「直接問わずして」、気付かせることができています。「仮定する」というのは、一見、遠回りをするような手立てですが、そうすることによって、子どもたちの「気付き」や「発見」を促す授業展開をつくることができるのです。

子どもたち自身が気付き、発見する授業展開が、子どもたちの達成感や学びがいの実感につながることは言うまでもありません。

教材の「内容」や「表現」を取り上げ、「もしも……だったら？」と、実際とは異なる場合を「仮定」することで、**元の「内容」や「表現」についての検討を間接的に促し、子どもたちが自ら新たな学びを発見するような授業**――それが本書で提案する「もしも発問」の国語授業が目指す授業像なのです。

4 もしも発問の五つの方法

本書では、「もしも発問」を、次の五つの方法に分類しています。

①「ある」ものを「ない」と仮定する方法（もしも、〇〇がなかったとしたら？）
②「ない」ものを「ある」と仮定する方法（もしも、〇〇があったとしたら？）
③別のものを仮定する方法（もしも、〇〇が◇◇だったとしたら？）
④入れ替えを仮定する方法（もしも、〇〇と◇◇が入れ替わっていたとしたら？）
⑤解釈を仮定する方法（もしも、〇〇と考えたとしたら？）

以下、五つの方法のそれぞれについて解説を行います。

① 「ある」ものを「ない」と仮定する方法（もしも、〇〇がなかったとしたら？）

教材文中の一部の表現や内容に着目し、「もしも、その部分がなかったとしたら？」という仮定を行う方法[1]です。実際には教材文中に「ある」（存在する）ものが、仮に「ない」（削除された）としたら、という思考を促す方法であることから、「『ある』ものを『ない』と仮定する方法」としています。

例えば、次のようなものです。

●もしも、「これはなんのくちばしでしょう。」の文がなかったとしたら？（1年「くちばし」44ページ）

この方法の場合、「○○がなかったら？」と仮定する○○の部分が、指導内容に直結する部分となります。つまり、必要である部分を取り上げて、あえて、「なかったら？」「不要では？」とゆさぶりをかけることによって、**「その部分があることの意義」（指導のねらい）について、考えることを促す**のです。

「その部分があることの意義」を考えることは、「その部分が教材文中において、どのような役割を果たしているか」を考えることです。その「役割」に気付くことができれば、それは子どもたちが、指導内容として設定された事項を発見したということになります。

一般的には、「ある部分があることの意義」を考えさせる場合、「なぜそのようになっているのだろう？」という発問を行うことが多いのではないかと思います。もちろん、「なぜ」という問い方も一つの有効な発問の方法です。ただ、初めて学習することに対して、単に「なぜ」という発問で、その存在理由を推論させるよりも、「もしも、その部分がなかったとしたら？」と仮定する発問によって、「ある場合」と「ない場合」とを比較して考えることを促す方が、子どもにとっては考えやすいのではないかと考えます。

②「ない」ものを「ある」と仮定する方法（もしも、○○があったとしたら？）

教材文には書かれていない内容や表現について、「もしも、○○があったとしたら？」という仮定を行う方法です。[2] 実際には教材文中に「ない」（存在しない）ものを、仮に「ある」（加える）としたら、という思考を促す方法であることから、「『ない』ものを『ある』と仮定する方法」としています。

例えば、次のようなものです。

●**もしも、お話の最後に、「かわいい妹の絵をのこしておきたいと思ったのです」と書かれていたら？**

（2年「わたしはおねえさん」64ページ）

この方法の場合、「○○があったら？」と仮定する○○の部分が、指導内容に間接的に関係する部分となります。つまり、不要であるものを提示して、あえて、「あったら？」「必要では？」とゆさぶりをかけることによって、**「その部分がないことの意義」（指導のねらい）について、考えることを促す**のです。

「その部分がないことの意義」を考えることは、「その部分がないことによって、どのような効果があるのか」を考えることです。その「効果」に気付くことができれば、それは子どもたちが、指導内容として設定された事項を発見したということになります。

③別のものを仮定する方法（もしも、○○が◇◇だったとしたら？）

教材文中の一部の内容や表現である○○を取り上げ、「もしも、○○が◇◇だったとしたら？」と、別の内容や表現である◇◇を仮定するという方法です。

例えば、次のようなものです。

●**もしも、「サッカー」ではなくて、ほかのスポーツが取り上げられていたとしたら？**

（4年「アップとルーズで伝える」120ページ）

この方法の場合、「○○が◇◇だったら？」と仮定する○○の部分が、指導内容に関係する部分となります。つまり、その内容や表現であることに意味がある部分を取り上げて、あえて、「◇◇でもいいよね？」とゆさぶりをかけることによって、**「もともとの内容や表現である意義」（指導のねらい）につい**

て、**考えることを促す**のです。

「もともとの内容や表現の意義」を考えることは、「その部分が教材文中において、どのような役割を果たしているか」や「その部分に、どのような表現意図があるか」を考えることです。その「役割」や「表現意図」に気付くことができれば、それは子どもたちが、指導内容として設定された事項を発見したということになります。

④ 入れ替えを仮定する方法（もしも、〇〇と◇◇が入れ替わっていたとしたら？）

教材文中の同じ種類の内容や表現である〇〇と◇◇を取り上げ（対象は三つ以上になることもある）、「もしも、〇〇と◇◇が入れ替わっていたとしたら？」と、入れ替えを仮定するという方法です。[3]

例えば、次のようなものです。

●**もしも、1～3場面の情景描写を入れ替えたとしたら？（5年「大造じいさんとガン」136ページ）**

この方法の場合、入れ替えを仮定する部分が、指導内容に関係する部分となります。つまり、その配列であることに意味がある部分を取り上げて、あえて、「入れ替えてもいいよね？」とゆさぶりをかけることによって、**「もともとの配列である意義」（指導のねらい）について、考えることを促す**のです。

「もともとの配列の意義」を考えることは、「その配列であることによって、どのような効果があるのか」や「その配列に、どのような表現意図があるか」を考えることです。その「効果」や「表現意図」に気付くことができれば、それは子どもたちが、指導内容として設定された事項を発見したということになります。

⑤ 解釈を仮定する方法（もしも、○○と考えたとしたら？）

教材文中の一部の内容や表現を取り上げ、「もしも、○○と考えたとしたら？」と、解釈を仮定する方法です。

この方法における解釈の仮定には、二つのパターンがあります。

一つは、仮定した解釈に問題がある（その解釈はおかしい）場合です。例えば、次のようなものです。

●**もしも、じさまが「空いっぱいのかみの毛をバサバサっとふるって」いるモチモチの木を見たら？（じさまでも、怖かったでしょうね……。）**

（3年「モチモチの木」88ページ）

右記の例では、そもそも「空いっぱいのかみの毛をバサバサっとふるって」見えるのは豆太であり、じさまには、そのように見えません。右記の例は、あえて、そのような問題のある解釈をすることによって、ねらいとする指導内容を捉えさせることが目的です。

もう一つは、仮定した解釈に問題がない（その解釈もあり得る）という場合です。その場合には、「仮にそうだとすると、どのようなことが読み取れるか」を考えることを促すことになります。

いずれにしても、仮の解釈をきっかけとして、子どもたちが指導内容として設定された事項を発見することができるような話し合いを生み出す方法と言えます。

【注】

（1）先行的な実践として、長崎伸仁（一九九七）が挙げられます。長崎は、説明文の学習指導において、「全体構造の中で、ある文章（段落）の必要性の有無を考える」ことを提案し、「足あとが語る人間の祖先」（大阪書籍六年）の授業において、「もし、③〜⑦段落がなかったらと仮定させた読みの活動」を行っている。「なくても意味が通じるのでは」という補助的な発問を行っている点も、子どもに自然な思考を促す上で重要な点であり参考になります。

（2）長崎（一九九七）では、「問題提示を有しない教材に問題提示を作る」という学習活動が提案されています。「ない」ものを「ある」と考える先行的な実践事例です。

（3）先行的な実践事例として、鶴田清司・河野順子編（二〇一二）があります。「千年の釘にいどむ」（光村五年）の実践において、事例の順序を入れ替えることを提案する授業展開が報告されています。

5「もしも発問」による授業づくりのポイント

最後に、①から④の「もしも発問」に共通するポイントを示したいと思います。

最大のポイントは、**「仮定する前の状態であることの意義」を、全員で考えること**です。

つまり、①であれば、「その部分があることの意義」、②であれば「その部分がないことの意義」、③であれば「もともとの内容や表現の意義」、④であれば「もともとの配列の意義」を、学級の全員の子どもが考えられるようにするということです。

①の「ある」ものを「ない」と仮定する方法を例に、詳しく説明します。

この発問の目的は、「なかったとしたら?」と仮定することで、「あることの意義」を考えられるようにするということです。しかし、「なかったとしたら?」という発問に対して、「そうですね。ない方がいいですね。」という立場をとってしまった子どもは、「あることの意義」を考えることができなくなってしまいます（考えることはできるかもしれませんが、考える必然性がなくなってしまいます）。

ですから、発問に対しては、「反対」する立場、「『ある』ものを『なし』にしてしまおう」という教師の提案を「否定」する立場に、全員を立たせる必要があるのです。「反対」・「否定」する立場に立つということは、「あった方がいい」という立場をとるということです。「あった方がいい」と主張する理由こそが、「あることの意義」になります。「先生、それは『なし』にしてはだめです。どうしてかというと……」と、自然な流れの中で、「あることの意義」を考えさせ、語らせることができるのです。

教師の「ある」ものを「ない」と仮定する発問に対して、子どもたちは反対することが経験上多いように感じられます。理由の一つとして、発問内容が、「明らかに『なし』にしない方がいい」という印象や、大きな違和感を与えるものである場合が多いことが挙げられます。本書で紹介している発問例にも、「いやいや先生、それは『なし』にしてはだめでしょう！」と子どもたちが即反対するようなものや、教師に突っ込みを入れたくなったりするようなものが多々あります。

とはいえ、学級の子どもたちの考えは多様で、どのような意見も尊重されるべきです。「賛成」の立場に回る子どもがいる場合もあります。では、そのような場合、どうすればよいのでしょうか。

私は、**「『反対』・『否定』の立場に限定する」という方法**をとっています。[1]「あることの意義」を考える必然性を得られるように、「賛成」の立場に立たせないようにするということです。

その具体については、第二章の中で、実際の授業展開に即して示していますが、おおよそ、次のような流れをとることになります。

発問後、「賛成」の立場の子どもがいる場合には、教師の提案に賛同してくれているということですので、共感的な言葉がけをします。その上で、「『反対』・『否定』の立場に限定する」補助発問を行います。「反対」・「否定」の立場で考えざるを得ないという状況をつくるのです。

例えば、文学であれば、**「実は、ある文学研究者によると、どうやらこれは『なし』にしてはいけないものらしいのです」**という補助発問、説明文であれば、**「実は、筆者に訊いてみたのですが、この部分はやっぱり必要だと言っていました」**という補助発問が考えられます（もちろんこれらは、仮の状況設定です。実際に文学研究者や説明文の筆者に訊いた訳ではありません）。

このような補助発問を行うことによって、「ある文学研究者」や「説明文の筆者」が、「反対」・「否定」する理由を考えるという流れをつくることができます。全員が、「反対」・「否定」の立場に立って、考えるという授業展開にすることができるのです。

このように、発問に対して、全員が「反対」・「否定」の立場に立つことができるような展開を工夫することで、全員で「あることの意義」を考えることができるようにするのがポイント(2)です。

なお、「反対」・「否定」する子どもの発言には、次のようなものもあります。

Aさん「先生、教科書を勝手に変えてはいけないと思います」

Bさん「筆者が書いたものを、勝手に変えるのはよくないと思います」

初めて仮定する発問をするときには、必ずと言っていいほど、この発言が子どもから出されます。

この場合、「反対」・「否定」してはいますが、そもそもの「仮定して考える」という方法、それ自体に対する「反対」・「否定」です。このように考えている状態では、もちろん、「あることの意義」を考えることは難しいと言えます。

このような発言があった場合には、次のように話をするようにしています。

まず、Aさんの場合、発言の裏側には、「教科書は絶対的なものである」という考えが根付いてしまっているということが考えられます。そのため、「教科書に書かれている文章であっても、絶対に全てが完璧ということはないんだよ。だから、もしこうだったらどうかな?って、考えてみることは、全くいけないことではないし、考える力が育つ、とてもよい勉強の方法なんだよ」というように話しています。教科書の文章も絶対的なものではないということ、仮定するという勉強方法のよさの両方を伝えることが大切だと考えています。

また、Bさんは、Aさんと同じように、「筆者が書いたものは絶対的なものである」と考えている可能性もありますが、「筆者にも考えがあって、そのようにしているのだから、変えてはいけない」という主張である場合もあります。判断がつかない場合には、「もう少し詳しく教えて」と一歩踏み込んだうえで、主張が後者であった場合には、「たしかに、筆者にも、このように書いた理由があるはずだよね。どんな理由かな?」と問い返すことで、「あることの意義」を考えられるようにしています。


【注】
（1） 実は、このことは、私にとって長年、解決策が見出せない大きな課題でした。その解決方法である『反対』・『否定』の立場に限定する」という授業の展開方法は、桂聖氏が提案している方法です。
（2） このように書くと、「批判的な読みの力は育てなくていいのか」という反論もあるかと思います。もちろん、三十年以上前に、森田信義（一九八七）が提唱して以来、今日まで重要視されているように、文章の内容や表現に対して評価するような読みを促すことは重要です。私自身も、説明文の内容や表現に対して、筆者の意図を解釈した上で、読み手として考えをもつことを促すような授業実践を、これまでにも行っています（髙橋達哉、二〇一三、二〇一七など）。ただし、本書においては、本章で述べているように、国語科特有の教科内容として、「表現技法」や「着眼点」等を指導のねらいに位置づけることを重要視しています。そのため、あえて全ての授業例において、文章に対してそれぞれの立場で考えをもつような授業展開ではなく、全員がその時間における指導のねらいに到達できるような授業展開を提案しています。

6 「もしも発問」の特長

「もしも発問」という名称ではないにしろ、「仮定する発問」は、これまでにも、国語科に限らず、さまざまな教科の授業実践で、提案されてきました(1)。そうした中で、本書では、子どもたちが、次のことを習得するための方法として、「仮定する発問」を位置付けることを重視しています。

- 文学的な文章に特有の「表現技法」及び、説明的な文章に特有の「表現方法」
- 文学的な文章及び、説明的な文章の、内容をよりよく理解するための「着眼点」や、内容を他者に伝えるための「技能」

これまでに提案されている「仮定する発問」の国語授業の多くは、「仮定する発問」によって、文章の内容理解を深めることを目的としたり、思考力の育成を目指したりするものでした(2)。

本書では、ほぼ全ての授業例において、「仮定する発問」を、文学や説明文特有の「表現技法」や「表現方法」、理解するための「着眼点」、内容を他者に伝えるための「技能」の習得を促す方法として用いています（一部、「内容理解」を目的としたものもあります）。

国語科特有の教科内容を習得するための方法としての「仮定する発問」にこだわり、「もしも発問」として整理を行っていることが、本書の特長なのです。

また、第2章では、令和二年度の国語教科書に新しく掲載された教材を含め、全36教材の授業展開例を示しています。「もしも発問」をより効果的に生かすことができるよう、「もしも発問」前後の流れについても、ＴＣ形式で紹介しています。さらに巻末では付録として、「もしも発問」を72事例紹介していますので、ぜひご活用ください。

【注】

（1）こうした仮定する発問の方法については、既に、さまざまな教科で提案がなされています。たとえば、国語科では、長崎伸仁（一九九七）、桂聖・授業のユニバーサルデザイン研究会沖縄支部編（二〇一二）、算数科では、田中博史（二〇〇一）、社会科では、岡崎誠司（一九九五）などがあります。教科教育以外の分野では、江川玟成（二〇〇五）が、「子どもの創造的思考力を育てる16の発問パターン」の一つとして、「もし、～であれば」という「仮説演繹的発想」による発問を提案しています。

（2）例えば、文学的な文章の学習指導においては、「もし、自分が登場人物だったとしたら……」といった「仮定する発問」によって、登場人物の心情や場面の状況などの「作品の内容」に関する理解を深めるという実践が数多く見られます。また、説明的な文章では、「もし、この段落がなかったとしたら……」という発問で、段落相互の論理的な整合性について考えることを促し、論理的思考力・認識力の育成を図るといった実践が、長崎伸仁（一九九七）などで提案されています。一方で、桂聖ら（二〇一二）においては、「仮定する」という「しかけ」を授業に取り入れることによって、文学的な文章や説明的な文章の「読み方」を指導することが意図された実践が提案されています。

方法	教材	もしも発問	ページ
①「ある」ものを「ない」と仮定する方法	くじらぐも（1年）	もしも、かぎ（「」）の記号がなかったとしたら？	36
	たぬきの糸車（1年）	もしも、「くりくりした目玉がのぞいていました」の「くりくりした」がなかったとしたら？	40
	くちばし（1年）	もしも、「これはなんのくちばしでしょう。」の文がなかったとしたら？	44
	たんぽぽのちえ（2年）	もしも、第1段落と第10段落がなかったとしたら？	68
	馬のおもちゃの作り方（2年）	もしも、何を作るかが、各段落の最初に書かれていなかったとしたら？	72
	おにごっこ（2年）	もしも、「大まかな遊び方」だけしか書かれていないとしたら？	76
	思いやりのデザイン（4年）	もしも、第一段落がなかったとしたら？	116
	ウナギのなぞを追って（4年）	もしも、「〜かもしれない」のような予想や仮説の文がなかったとしたら？	124
	言葉の意味が分かること（5年）	もしも、⑪段落の前半が、なかったとしたら？	140
	帰り道（6年）	もしも、「律の視点」で書かれた「1」だけだったら？	152
	時計の時間と心の時間（6年）	もしも、三つ目の事例がなかったとしたら？	104
②「ない」ものを「ある」と仮定する方法	やくそく（1年）	もしも、「と、おおきな木がいいました。」が書かれていたとしたら？	32
	わたしはおねえさん（2年）	もしも、お話の最後に、「かわいい妹の絵をのこしておきたいと思ったのです」と書かれていたら？	64
	まいごのかぎ（3年）	もしも、お話に続きがあったとしたら、りいこは、また不思議なできごとに出合うかな？	80
	すがたをかえる大豆（3年）	もしも、「この食品を事例に加えた方がいい」と筆者におすすめしたら、何と言われるかな？	96
	固有種が教えてくれること（5年）	もしも、アマミノクロウサギやニホンリスの資料を加えたとしたら？	144
	『鳥獣戯画』を読む（6年）	もしも、「意見」の文末に、「〜と思う」を加えたとしたら？	168

方法	教材名	仮定の例	ページ
③別のものを仮定する方法	じどう車くらべ（1年）	もしも、「バス」と「じょうよう車」を分けて説明したとしたら？	52
	お手紙（2年）	もしも、「大いそぎで家へ帰り、えんぴつと紙を見つけ、……」のように、一文だったとしたら？	60
	ありの行列（3年）	もしも、「～です」で終わる文を「～でした」で終わる文に変えたとしたら？	100
	一つの花（4年）	もしも、題名が「一つの花」ではなくて、「一輪の花」だったとしたら？	104
	ごんぎつね（4年）	もしも、最後の一文が、「青いけむりが、もくもくと上がっていました」だとしたら？	108
	アップとルーズで伝える（4年）	もしも、「サッカー」ではなくて、ほかのスポーツが取り上げられていたとしたら？	120
	なまえつけてよ（5年）	もしも、折り紙に書かれていたのが、「げんきだせよ」だったとしたら？	128
	たずねびと（5年）	もしも、ダッシュ（―）が、かぎ（「」）だったとしたら？	132
	想像力のスイッチを入れよう（5年）	もしも、「想像力のスイッチ」という言葉を使わなかったとしたら？	148
	やまなし（6年）	もしも、題名が「かわせみとやまなし」だったとしたら？	156
	メディアと人間社会（6年）	もしも、最後の一文の文末が「なのではないでしょうか」ではなくて、「なのです」だったら？	172
④入れ替えを仮定する方法	うみのかくれんぼ（1年）	もしも、多くの人が「すごい」と思う生き物が最初に出てきたとしたら？	48
	こまを楽しむ（3年）	もしも、形が似ているこまを、隣同士に移動したとしたら？	92
	大造じいさんとガン（5年）	もしも、1～3場面の情景描写を入れ替えたとしたら？	136
⑤解釈を仮定する方法	スイミー（2年）	もしも、こんな海があったとしたら、そこは「とっても不思議な海」ですね。	56
	ちいちゃんのかげおくり（3年）	もしも、ちいちゃんの立場で考えたとしたら……？　読み手の立場で考えたとしたら……？	84
	モチモチの木（3年）	もしも、じさまが「空いっぱいのかみの毛をバサバサっとふるって」いるモチモチの木を見たら？	88
	プラタナスの木（4年）	もしも、「おじいさん」が「木の精」だと考えると、納得がいくところは？	112
	海の命（6年）	もしも、太一の生き方に、「母」が最も影響を与えたとしたら？	160

第2章

「もしも発問」の授業づくり

やくそく（光村図書）

3／8時（第二次）

もしも、「と、おおきな木がいいました。」が書かれていたとしたら？

本時の目標

だれが言ったことかを考える際、会話文の前後の表現が手がかりになることや、その表現が省略されている場合があることを理解する。

［本時のポイント］

「言ったことの文」（会話文）や「したことの文」（行動描写）を捉えることは、登場人物の心情を読みとる上で欠かせない基礎的な技能です。入門期では、「だれが言ったことか」「だれがしたことか」の理解が難しい場合もあるため、本時では「だれが」の確認を丁寧に行っています。また、「だれが」を考える際には、その会話文の前後の表現が手がかりになるという読み方についても理解を促しています。

「もしも発問」を生かした授業展開

［ステップ2］　［ステップ1］

これは、だれが言った言葉でしょうか。
「そのはっぱは、ぼくのだぞ。」
「と、おおきな木がいいました。」
だれの言葉か、書いてあった方が分かりやすいですよね。

【ステップ1】
会話文のみを提示し、「だれの会話文か」を考える活動を行います。その際、会話文の後に書かれている「と、○○がいいました」を手がかりにすることで、言った人が分かるということを確認します。

【ステップ2】
「みんな、もっとうえまでのぼって、そとのせかいをみてごらん。」は、だれの会話文かについて話し合います。「おおきな木」の会話文であることを確認した上で、［ステップ1］で話し合ったように、会話文の後に「と、おおきな木がいいました。」と書かれていた方が分かりやすいのではないかと問いかけ、仮定して考えさせます。

△ 直接的な問い
「なぜ、『と、言いました』と書かれていない場合があるのか？」

①導入

登場人物を確認した上で、会話文を提示する。「言ったことの文」「したことの文」などの既習事項を振り返る。

②課題提示

学習課題は、「だれがいったことのぶんかな？」。提示した会話文がだれの会話文かについて、話し合いを行う。

授業展開 1年 やくそく

①導入

T　**このお話には、だれが出てきましたか？**

C　三匹の「あおむし」と、「おおきな木」です。

T　そうでしたね。（会話文を掲示しながら）**この文は、「言ったことの文」「したことの文」、どちらでしょうか？**

C　「言ったことの文」です。かぎ（「」）がついているからです。

②課題提示

T　先生が黒板に貼った、四つ（①から④）の言ったことの文。**それぞれ、何匹目のあおむしが言ったことか、分かりますか？**

C　②（「わたしのはっぱをたべないで。」）は、「わたし」と言っているから二匹目。

C　①（「そのはっぱは、ぼくのだぞ。」）は、一匹目のあおむしです。「と、いっぴきめがいいました」って書いてあるからです。

C　③（「そんなことしるものか。」）は、三匹目。「さんびきめがいいかえしました」だからです。

T　④（「うるさいぞ。」）は、「うるさいぞ。」って、最後に、「ぞ」

想定される子どもの発言

T　①〜④の言ったことの文は、だれが言った文か分かりますか？

C　教科書を覚えているから、簡単です。すぐ分かります。

→作品の内容を覚えてしまうくらい音読をしていることに対して、「すごいね」と、まずは価値付けます。その上で「分からない人に、教科書のどの文を見たらいいか、ヒントを出してもらえない？」と投げかけることで、学習への参加や文章表現への着目を促します。

③展開

「もしも、『と、おおきな木がいいました。』と書かれていたら？」とゆさぶる。「あった方が分かりやすいよね」などと補助発問。

④まとめ

「だれが言ったことかを考える時には、言ったこと文の前や後ろに書かれていることを確かめる」などと、学習内容を整理する。

がついている言い方だから、一匹目のあおむしですよね？

C 違います。④は、「おおきな木」です。次の文に書いてあります。

③展開

T だれが言ったことかを考えるには、言ったことの文の後に書かれていることを確かめるといいのですね。**では、⑤（「みんな、もっと　うえまで　のぼって、そとの　せかいを　みて　ごらん。」）の文は、誰が言ったことの文なのでしょうか？** 次の文は……。

C あれ、書かれていない。

C でも、「みんな」って呼びかけているから、これは、「おおきな木」が言った文だと思います。

T はっきり書いてあった方が分かりやすいですよね。**もしも、「と、おおきな木がいいました。」と書かれていたら、どうでしょうか。**

C 書いてなくても分かるのに、書いてあると、少し変です。

C 「おおきな木が、ぐらりとゆれていいました。」と書いてあることが、⑤の文にもつながっているように思えます。

④まとめ

T **「だれが」言ったことの文かを考える時には、言ったことの文の、前や後ろに書かれていることがヒントになるのですね。**

次時以降の授業内容例

①本時で扱った部分以降の会話文について、だれが言ったことかの話し合いを行います。「と、○○が言いました」という記述がないことから、「自称表現」（ここでは、二匹目のあおむしの「わたし」）から解釈できるもの以外は、確定できないことを確認します。

②「木のはが、さらさら　そよいで　います。」という最後の一文の効果について話し合います（もしも、この一文がなかったとしたら？）。

くじらぐも（光村図書）

4／8時（第二次）

本時の目標

物語文において、登場人物が話した言葉は、「かぎ」（「」）を使って表記されることを知るとともに、「かぎ」があるよさについて理解する。

［本時のポイント］

人物の心情を解釈する上で重要な手がかりとなる、行動描写（「したことの文」）や会話文（「言ったことの文」）。入門期においては、それらの表現をもとに、場面の様子や人物の行動など、内容の大体を捉えたり、行動を具体的に想像したりすることが目標となります。

本時では、会話文を捉える上で欠かせない「かぎ」（「」）について、その用語や使い方、それを用いるよさについて学習を行っています。

「もしも発問」を生かした授業展開

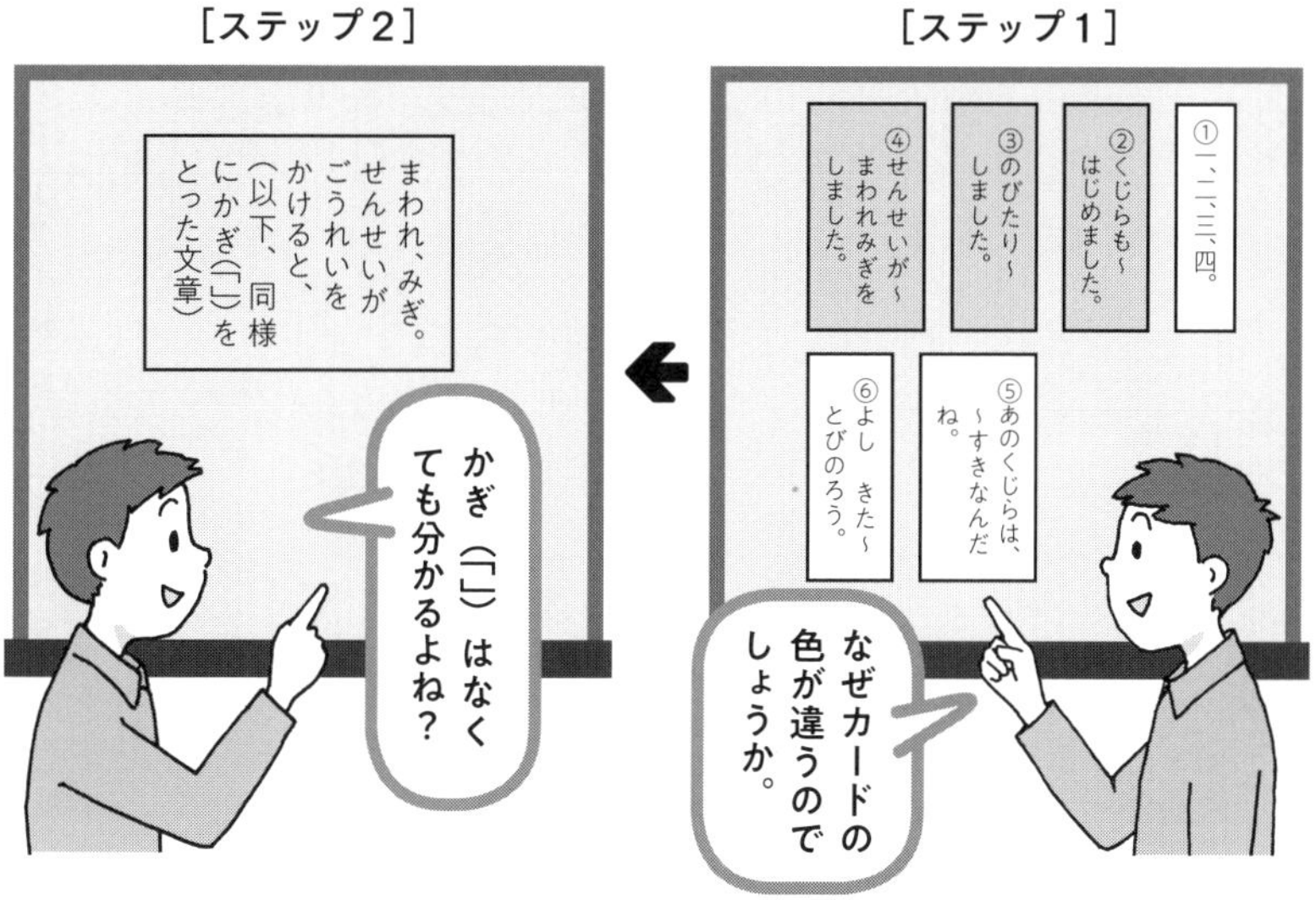
[ステップ1]
①一、二、三、四。
②くじらも～はじめました。
③のびたり～しました。
④せんせいが～まわれみぎをしました。
⑤あのくじらは、～すきなんだね。
⑥よし　きた～とびのろう。
なぜカードの色が違うのでしょうか。
[ステップ2]
まわれ、みぎ。せんせいがごうれいをかけると、(以下、同様にかぎ(「」)をとった文章)
かぎ（「」）はなくても分かるよね？

【ステップ1】

本文の言葉を抜き出し、行動描写か会話文かで、赤と青などの二色に色分けをして提示します。色分けの仕方について考える活動を通して、本文には、「言ったことの文」と「したことの文」があることを捉えさせます。また、あえて、「かぎ」（「」）の記号を抜かしておくことで、着目を促します。

【ステップ2】

「記号がなくても、『言ったことの文』だって、分かるよね」と、「かぎ」（「」）がない場合を仮定し、実際に「かぎ」を抜いた文章を提示します。用語を教えるだけでなく、「かぎ」があることのよさに気付かせることをねらっています。

△ 直接的な問い

「なぜ、『言ったことの文』は、「かぎ」を使って表すのかな？」

①導入

「音読しましょう」と言ってカードを貼っていく。子どもたちは、すぐにカードが色分けされていることに気付くだろう。

②課題提示

学習課題は「どんな色分けかな？」。予想させ、考えを話し合う中で、「言ったこと」が赤、「したこと」が青だと確認。

授業展開

1年 くじらぐも

①導入

T 「くじらぐも」のお話から、文を六つ、取り出して、カードにしました。黒板に貼るので、**みんなで音読しましょう。**それでは、まず、一枚目、さんはい。（C 「一、二、三、四」。）

T 二枚目はこれです。さんはい。

C くじらも、たいそうをはじめました。……**色が違う！**

②課題提示

T 色が違うことに気が付いた人が、いっぱいいますね。今日は、「色分けクイズ」をします。**先生は、どんな色分けをしたのでしょうか……？**（C もう、分かりました。）

T お、すごいね。カードにしてきたのは、教科書の四ページから七ページの文です。教科書も読みながら考えていいからね。

C たぶん、赤いカードは、「くじら」のことです。

C でも、青いカードにも、「くじら」って書いてあるよ。

C 青いカードには、全部、「ました」が書いてあります。……分かった。**青いカードは、「したこと」の文です。**

授業展開のポイント

- 「色分けクイズ」の活動では、以下のような活動を取り入れることで、多くの子どもに思考する機会を与えることができます。
  - どんな色分けかが分かった子どもに、「ヒントはどの言葉？」と問い、まだ分からない子どもが考える手がかりを挙げさせる。
  - 赤を読むグループ、青を読むグループのように、役割を決めて、音読をする。音読することで、赤と青の違いに気が付きやすくなる。

③展開

「もしも、この記号（「」）がなかったら？」とゆさぶる。「なかったとしても、『言ったこと』って分かるよね」と補助発問。

④まとめ

この記号（「」）は、「かぎ」ということを伝える。「かぎ」の使い方と、あることによる効果について、簡単に整理する。

C　本当だ。**そして、赤いカードは、「言ったこと」の文です。**

③展開

T　みんな、大正解です。すごいなあ。

C　先生、「言ったこと」の文の赤いカードは、ちょっと違います。教科書には、マーク（＊かぎ「」のこと）がついています。

T　あ、ごめんごめん。つけるのを忘れていました。だけど、みんな、この記号（「」）がなくても「言ったこと」の文だって分かったよね。だから、教科書にも、この記号はなくてもいいと思うのですが……。**もしも、この記号（「」）がなかったとしたら？**　六から七ページは、こんな感じになります（**かぎをとった文章を掲示**）。

C　どこが「言ったこと」なのかが、全然分かりません。

C　やっぱり、この記号（「」）は必要です。読みづらい……。

④まとめ

T　やっぱり、この記号は必要ですね。**この記号は、「かぎ」と言います。お話に出てくる人が「言ったこと」は、「かぎ」を使って書きます。**「かぎ」があると、「言ったこと」が分かりやすいですね。

次時以降の授業内容例

●「と、くじら『も』～ました。」の「も」（助詞）の用法を捉える。

①6ページまでで繰り返されている会話文「おうい。」「ここへおいでよう。」の二つへの着目を促します。②「同じ会話文は、音読の仕方も同じでいいよね？」とゆさぶり、読み方も変えるべきだという解釈を引き出します。③もしも、「くじら『が』～ました。」だったとしたらと仮定し、同じ行動をする場合には、「も」を使うことを確認します。

1年

たぬきの糸車

（光村図書）

3／8時（第二次）

もしも、
「くりくりした目玉がのぞいていました」の「くりくりした」がなかったとしたら？

本時の目標

視点人物（おかみさん）の心情は、対象人物（たぬき）の行動を描写している文からも解釈することができることを理解する。

【教材のポイント】

視点人物の心情は、その人物の行動描写や会話文を主としながら、様々な表現から解釈することができます。本教材では、視点人物である「おかみさん」の行動描写や会話文に加えて、対象人物である「たぬき」の行動描写からも、「おかみさん」の心情を想像することができます。「たぬき」の行動描写は、「おかみさん」の目から見たものだからです。本時では特に、「たぬき」の様子を表す擬態語に着目します。

「もしも発問」を生かした授業展開

①ある月のきれいなばんのこと、
～糸をつむいでいました。
②ふと気がつくと、
～のぞいていました。
③糸車がキークルクルとまわるにつれて、
～まわりました。
④そして、月のあかるいしょうじに、
～うつりました。
⑤おかみさんは、おもわず
～だまって糸車をまわしていました。
⑥「いたずらもんだが、
「かわいいな。」
②ふと気がつくと、
やぶれしょうじのあなから、
二つの目玉がのぞいていました。
②をこの文にしてもプラスだよね？

【ステップ1】

「おかみさん」の気持ちが分かるところについて話し合います。多くの子どもたちは、「おかみさん」の行動描写や会話文を取り上げ、気持ちを解釈することが予想されます。もしかすると、たぬきの行動描写を取り上げる子どももいるかもしれません。

【ステップ2】

たぬきの行動描写を取り上げた意見に着目し、「もしも、『くりくりした目玉』の部分の、『くりくりした』がなかったとしても、この文はプラス（好意的な意味）だよね？」と仮定して問います。「くりくり」という擬態語からも、「おかみさん」の心情が読み取れることに気付かせます。

△ 直接的な問い

「なぜ、『くりくりした』や、『くるりくるりと』などの表現がされているのか？」

①導入

第一場面において、「おかみさん」も、「きこり」と同様、いたずら「たぬき」をよく思っていなかったことを確かめる。

②課題提示

学習課題は、「おかみさんのプラスの（好意的な）気持ちが分かるのは？」。第二場面の文を提示し、話し合いを行う。

授業展開 1年 たぬきの糸車

①導入

T　今日は二場面です。二場面でも、「おかみさん」、やっぱり「たぬき」のことをマイナス(否定的)に思っていますね。(C　えっ？)

T　だって、一場面で「おかみさん」は、「きこり」と一緒に、「たぬき」のことをいやがっていたのですよね。

C　**二場面は違います。少しプラス（好意的）に思っている気がします。**

②課題提示

T　**「おかみさん」のプラスの気持ちが分かる文はどれですか？**

C　⑥です。「かわいいな」って言っています。

C　私も同じです。たぬきが真似をするのを見て、「かわいいな」って思っているから、プラスの気持ちだと思います。

C　⑤もプラスだと思います。「おかみさん」が、ふきだしそうになっているからです。

③展開

T　⑤と⑥を選んだ人がたくさんいますね。⑤は「おかみさん」の

想定される子どもの発言

●「③（糸車がキークルクルとまわるにつれて、二つの目玉も、くるりくるりとまわりました。）で、「たぬき」が糸車と一緒に目を回した可愛いらしさで、「おかみさん」はプラスになったと思います」

③の「たぬき」の行動描写を取り上げた意見が出た場合には、②の「くりくりとした」と同じように、「もしも『くるりくるりと』がなかったとしたら？」と仮定して展開することができます。

③展開

たぬきの行動描写に着目し、「もしも、『くりくりした目玉』ではなく、『ぎょろぎょろした目玉』と書かれていたら？」とゆさぶる。

④まとめ

登場人物の気持ちは、「言ったことの文」「したことの文」のほかに、「ほかの人物の様子を表す言葉」からも分かることをまとめる。

C　「したことの文」ですね。そして、⑥は「おかみさん」の……。

C　「言ったことの文」です。

T　**登場人物の気持ちは、「したことの文」や「言ったことの文」から分かるのでしたね。**⑤、⑥ではない文を選んだ人はいますか？

C　②もちょっとプラスかもしれません。たぬきがのぞいているのを見て、可愛いと思っているかも。

T　確かに、そう思ったかもしれませんね。では、**もしも、「くりくりした」と書かれていなかったとしても、この文はプラスですか。**

C　いや、「くりくりした」は必要です。「やぶれしょうじのあなから、二つの目玉がのぞいていました」だと、怖い話みたいです（笑）。

C　「たぬき」の目玉が「くりくり」して見えたから、「おかみさん」は可愛いと思ったのだと思います。

T　なるほど。「たぬき」の様子を表す「くりくり」からも、「おかみさん」のプラスの気持ちが分かるのですね。

④まとめ

T　みんなで話し合う中で、**登場人物の気持ちは、ほかの人物の様子を表す言葉からも、考えることができることが分かりました。**

次時以降の授業内容例

「おかみさん」のプラスの気持ちが分かる文についての話し合いで、②や③の文を取り上げた意見が出ない場合には、次のような展開ができます。

T　だれも選ばなかった②の文は、「おかみさん」のプラスの気持ちとは関係ないようですね。だとすると、もしも、この文の「くりくりした」のところがなかったとしても、別に大丈夫ですよね？

C　いや、それは必要だと思います。だって……。

1年

くちばし

（光村図書）

3／8時（第二次）

もしも、「これはなんのくちばしでしょう。」の文がなかったとしたら？

本時の目標

文末表現に着目して文を分類して捉える活動を通して、大まかな内容を読み取るとともに、「問い」の表現やその効果を理解する。

［教材のポイント］

入門期の説明文における重要な指導内容である「問い」を扱います。本教材では、事例ごとに、「これはなんのくちばしでしょう。」という問いが繰り返されています。これは、文章全体に関わる「大きな問い」ではなく、直後に「答え」が書かれている「小さな問い」です。直後に書かれていることから、「答え」が探しやすく、説明文における「問い」と「答え」を学ぶ最初の教材として適しています。

「もしも発問」を生かした授業展開

②さきがするどく
とがったくちばしです。
〜です
くちばしのことの文
③これは、なんのくちばしでしょう。
問いの文
④これは、きつつきのくちばしです。
⑤きつつきは、とがったくちばしで、きにあなをあけます。
⑥そして、きのなかにいるむしをたべます。
〜ます
することの文
すぐ後に答えがあるから問いの文（③）は、なくてもいいよね？

【ステップ1】

　第二段落と第四段落を「青」、第三段落を「緑」、第五段落と第六段落を「赤」に、色分けをして提示します。色分けについて考えることを通して、各段落の内容や文末表現、「問い」や「答え」の用語を整理します。

【ステップ2】

「すぐ後に『答え』が書かれているし、『問い』の文（第三段落）は、なくてもいいよね？」とゆさぶります。「なくしてしまっても、文章の意味も通じるから、いいよね」と補助発問をしながら、黒板上の第三段落を外すのがポイントです。「もしも、なかったとしたら……」という思考を、より一層促すことができます。

△　直接的な問い

「なぜ、すぐに『答え』が書かれているのに、『問い』の文が必要なのか？」

①導入

「色分けクイズをします」と、第2〜6段落のカードを提示し、どんな基準で色分けがされているのかについて、関心をもたせる。

②課題提示

学習課題は「どんな色分けかな？」。「くちばしのこと」「きつつきのこと」「文末の違い」などの観点を引き出す。

授業展開 1年 くちばし

①導入

T 二番から六番の文を、5枚のカードにしてきました。

C 青と緑と赤色のカードがある……。**どんなふうに色が分かれているのかな？**

②課題提示

T 青と緑と赤のカードがありますね。実は、先生が仲間分けしてみたのですが、**どう考えて分けたと思いますか？**

C 青は、「くちばしのこと」だと思います。

T どの言葉から、そう思いましたか？

C 両方とも、「くちばしです」って書いてあるからです。

C 赤は、「きつつきがすることの文」だと思います。

C 赤は、両方とも、文の最後が「〜ます」になっています。

C 緑は、問題を出している文。

T 問題を出している文？

C 「〜でしょう」って、クイズみたいに、聞いているから。

③展開

想定される子どもの発言

● **「『問い』の文はなくてもいいと思います」**

→教師の提案に賛同する子どもがいる場合があります。「先生が言う通り」と反応してくれている訳ですから、まずは「そうだよね」と共感します。その上で、「ではどうして、なくてもいい文があるのだろう？」と、「問い」の文の存在意義を考えることを促します。

③展開

「もしも、『問い』の文がなかったら？」と、第３段落がない場合を仮定して考えさせる。「なくてもつながるよね」等の補助発問。

④まとめ

「問い」の文があることによって、どんなメリットがあるのか、そのよさや効果について、話し合ったことを整理する。

T　みんなが考えた通り、先生は、**「文の終わり方」に注目して、仲間分けしました。**そして、**「〜でしょう」と、問題を出すように聞いている文のことを説明文の言葉で「問い」の文と言います。**「問い」、つまり問題があれば、もちろん……？（C「答え」がある！）

T　その通りです。「これは、なんのくちばしでしょう。」の答えは、どの文ですか？

C　「これは、きつつきのくちばしです。」の文です。

T　そうですね。**説明文の言葉でも、「答え」の文と言います。**でも、よく考えると、「問い」のすぐ後に「答え」が書いてあるし、「問い」の文は、なくてもいいよね。なくても、文がつながるし。**もしも、「問い」の文がなかったとしたら、どうかな？**

C　あった方がいいと思う。聞かれると、早く知りたいって思う。

C　うん、早く次のページを読んでみたくなります。

C　クイズみたいでドキドキするから、ある方がいいと思います。

④まとめ

T　**「問い」の文があることで、読む人は、先が早く読みたくなったり、ドキドキしたりするのですね。**「問い」の文のよさですね。

ピックアップしたい発言

●**「聞かれると、早く知りたいって思う」「クイズみたいでドキドキするから、ある方がいいと思います」**

→「問い」の文の効果に言及している発言に対しては、「今、言っていたこと分かる？」と学級全体に問い返しを行います。複数の子どもに言い換えさせるなど、共有した上で、まとめをすることが大切です。

1年

うみのかくれんぼ

（光村図書）

4／8時（第二次）

本時の目標

「はまぐり」、「たこ」、「もくずしょい」の順で説明している筆者の意図を解釈し、「一般→特殊」という事例の順序性の効果を考える。

もしも、
多くの人が「すごい」と思う生き物が最初に出てきたとしたら？

［教材のポイント］

「事例」に関する指導内容の中で、ここで扱うのは「事例の順序には、筆者の意図があること」です。本教材では、三種類の海の生き物が事例として取り上げられています。そして、その配列からは、「一般的なもの（はまぐり・たこ）→特殊なもの（もくずしょい）」という説明の順序における筆者の意図が解釈できます。順序性に意図があることに加え、特殊なものを後にもってくる効果も整理します。

「もしも発問」を生かした授業展開

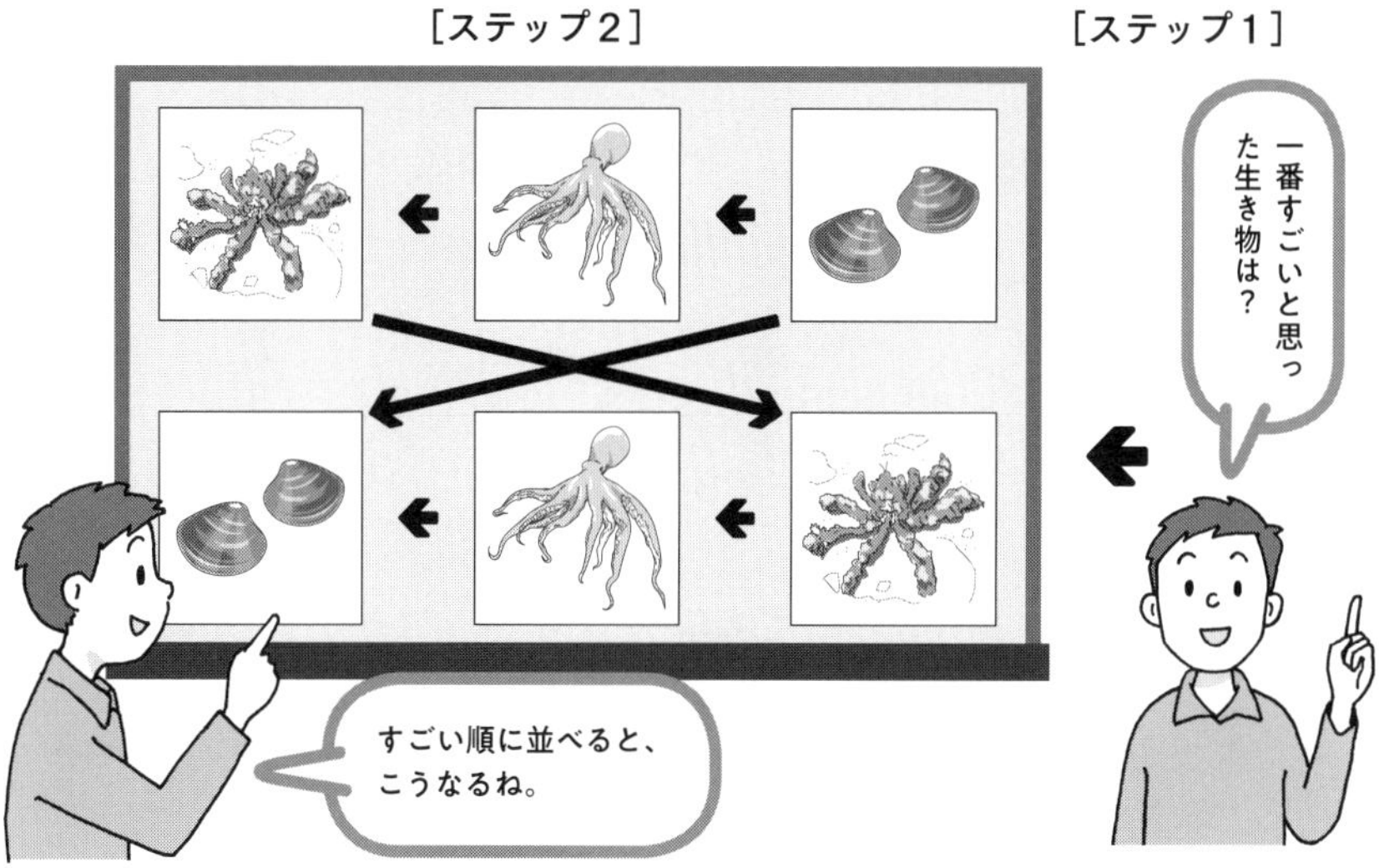
［ステップ2］
［ステップ1］
一番すごいと思った生き物は？
すごい順に並べると、
こうなるね。

［ステップ1］

「いちばんすごいと思った生き物は？」という学習課題を設定し、一つを選択させます。理由の交流を通して、内容理解を促します。

［ステップ2］

「多くの人がすごいと思っているものは、やっぱり最初に紹介した方がいいよね」等の補助発問を行いながら、教材文とは異なる事例の順序を提案します（例「もくずしょい→たこ→はまぐり」・「たこ→もくずしょい→はまぐり」）。最終的には、筆者の意図を解釈することが目的であるため、「はまぐり→たこ→もくずしょい」の順序のよさは何かを考えます。

△ 直接的な問い

「なぜ、『はまぐり』→『たこ』→『もくずしょい』という順に、紹介されているのでしょうか？」

①導入

「どんな海の生き物が紹介されていましたか？」と尋ねる。子どもが挙げた順に掲示するなど、順序への意識付けを図る。

②課題提示

学習課題は、「いちばんすごいと思った生き物は？」。一つを選択させ、理由を書かせる。交流し、内容理解を促す。

授業展開

1年 うみのかくれんぼ

①導入

T **どんな海の生き物が紹介されていましたか？**

C もくずしょい。C はまぐり。C たこ。

T そうですね。（もくずしょい→はまぐり→たこの順で、掲示しながら）これらの生き物が紹介されていましたね。

C 先生、順番が違います。教科書では……（以下略）。

②課題提示

T **みなさんは、三つ生き物の中で、一番すごいと思ったのはどの生き物ですか？　ノートに選んだ生き物と理由を書こう。**（机間を歩きながら）教科書の言葉を使っている人がいますね。

③展開

T （それぞれの生き物を選択した人数を挙手で確認後）**理由を教えてください。**

C 私は「もくずしょい」です。海藻を小さく切って、体につけているのがすごい。

C 僕は「たこ」です。どうしてかというと……（以下、それぞれ

想定される別の授業展開Ⅰ

● **「一番すごいと思う生き物」として、「はまぐり」が最も多い場合**

→「たこ」または「もくずしょい」が最も多いことが予想されるため、稀なケースだと考えられます。この場合は、「みんながすごいと思うものは、後の方がいいよね。『もくずしょい』と順番を入れ替えようか？」とゆさぶります。その上で、「身近なものから説明している」ことを解釈するという流れに展開していきます。

③展開

「もしも、もくずしょいが最初だったら？」とゆさぶる。「みんながすごいと思うものが、やっぱり最初がいいよね」など補助発問。

④まとめ

「説明する順番には、理由がある」など、本時の学習内容を整理する。本教材の順序性のよさについても口頭で確認したい。

の生き物を選択した理由を交流する）。

T　友達の話を聞いて、考えが変わった人はいますか？（再度、挙手を促して人数を確認後）一番多いのは……。

C　「もくずしょい」です。二番目が、「たこ」です。

T　みんな理由がしっかり言えていて、素晴らしいなと思いました。「どれが一番か」ということに、答えはありません。人によって違っていいのですよ。ただ、やっぱり、多くの人が「すごい」と思った生き物は、最初に説明した方がいいですよね。**もしも、「もくずしょい」を最初に説明したとしたら、どうでしょうか？** 二番目は「たこ」で、最後に「はまぐり」という順番です。

C　最初の順番の方がいいと思います。

C　教科書の順番を勝手に変えてはだめだと思います。

T　**最初の順番には、理由があるってこと？**

C　「すごい」と思うものは、最後に来た方がいいと思います。後でびっくりする方がいいから。

C　最初は、みんなが知っているものの方がいいと思います。

④まとめ

T　**説明する順番には、きちんと理由があるのですね。**

想定される別の授業展開Ⅱ

●教師の提案に賛成する子どもがいる場合

→すごいもの順に並べ替えるという提案に対して、賛成する子どもがいる場合があります。その時は、共感しつつ、「この文を書いた人に言ってみたら、『私の気持ちが分からないのですか？』って言われちゃったよ。書いた人は、どんな気持ちで、この順番にしたのかな？」と、全員が筆者側に立って考えられるように展開していきます。

じどう車くらべ

（光村図書）

6/7時（第二次）

もしも、
「バス」と「じょう
よう車」を分けて
説明したとしたら？

本時の目標

「バス」と「じょうよう車」をまとめて説明している筆者の意図を解釈し、同様の事例をまとめて説明する理由を理解する。

［教材のポイント］

「事例」に関する様々な指導内容の中で、ここで扱うのは「同様の事例が一つにまとめられている」ということです。本教材では、四種類の自動車が事例として取り上げられています。特徴的なのは、初めの二つである「バス」と「じょうよう車」が、ひとまとめに説明されていることです。その理由として、この二種類の自動車の「しごと」と「つくり」が共通していることが挙げられます。

「もしも発問」を生かした授業展開

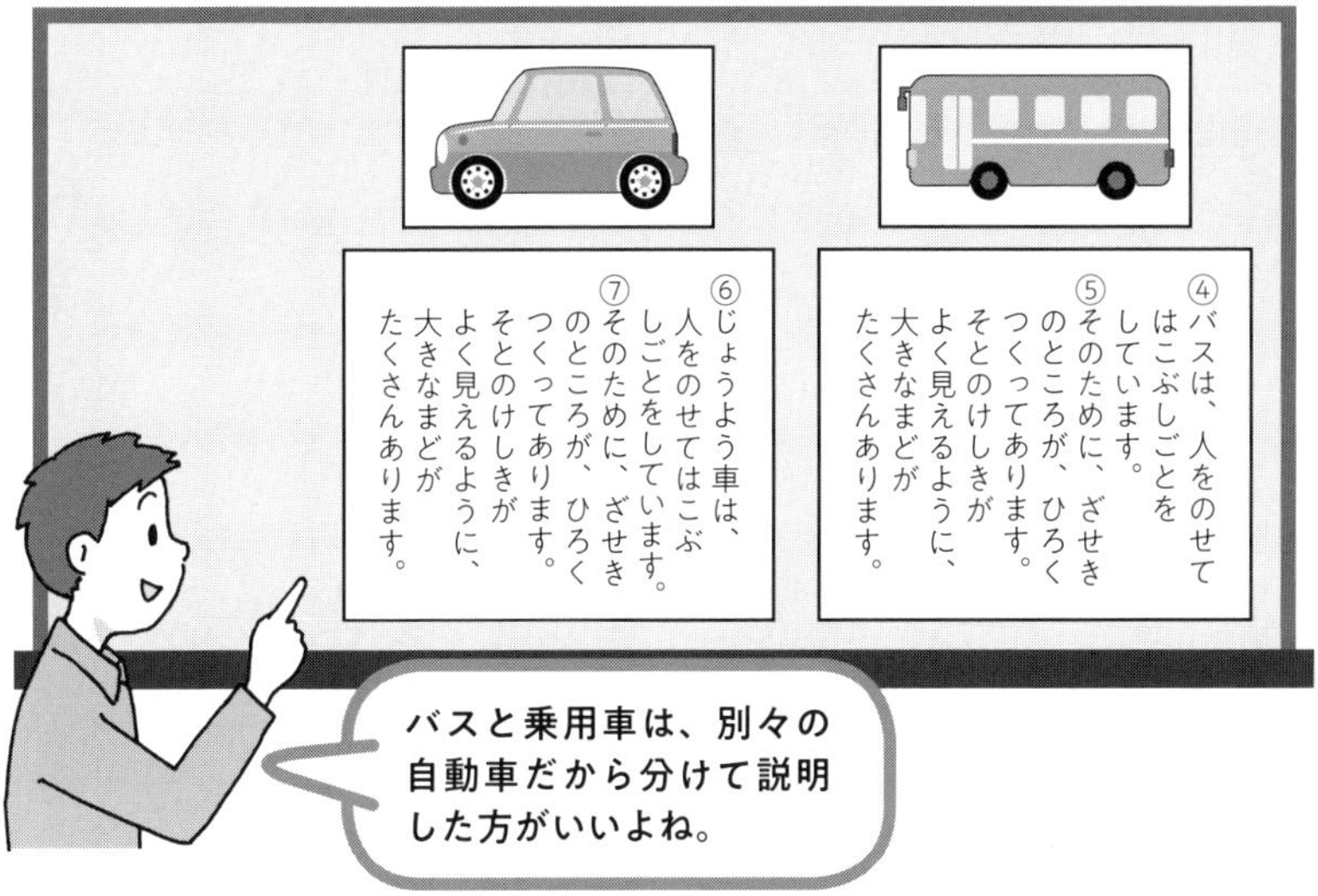

④バスは、人をのせて
はこぶしごとを
しています。
⑤そのために、ざせき
のところが、ひろく
つくってあります。
そとのけしきが
よく見えるように、
大きなまどが
たくさんあります。
⑥じょうよう車は、
人をのせてはこぶ
しごとをしています。
⑦そのために、ざせき
のところが、ひろく
つくってあります。
そとのけしきが
よく見えるように、
大きなまどが
たくさんあります。
バスと乗用車は、別々の自動車だから分けて説明した方がいいよね。

【ステップ1】

「いちばんいいなと思ったじどう車は？」という学習課題を設定し、理由を話し合います。

【ステップ2】

「ほかの自動車と同じように、『バス』と『じょうよう車』も、一つずつ説明した方がいいよね」等の補助発問を行いながら、教材文とは異なる事例の説明の仕方を提案します（「バス」と「じょうよう車」を分けて説明する）。

考えさせたいのは、分けて説明することの賛否ではなく、あくまでも「まとめて説明する意図・効果」です。

元の文章と比較させることを通して、まとめて説明している筆者の意図を解釈させます。

△ 直接的な問い

「なぜ、『バス』と『じょうよう車』が、まとめて説明されているのか？」

①導入

「この説明文では、どんな自動車が紹介されていましたか？」と尋ね、教科書の自動車の挿絵を黒板に掲示する。

②課題提示

学習課題は、「いちばんいいなとおもったじどう車は？」。掲示した挿絵は３枚だが、４種類の自動車から選ばせる。

授業展開

1年 じどう車くらべ

①導入

T **「じどう車くらべ」には、どんな自動車が出てきましたか？**

C クレーン車。　C バス。　C トラック。　C 乗用車。

T そうですね。これらの自動車が紹介されていましたね。

②課題提示

T みなさんが、これら4種類の自動車の中で、**一番いいなと思うのはどの自動車ですか？**（選んだ車と考えをノートに記入）

③展開

T （人数を挙手で確認後）**理由を教えてください**。

C 私は「トラック」です。タイヤがたくさんついているところがすごいなと思いました。

T 今の意見は、教科書の言葉を使っていて、とてもいいですね。

C 僕は「バス」です。どうしてかというと……（以下、それぞれの自動車を選択した理由を交流する）。

T 色んないいところが分かりました。でも、みんなのお話を聞きながら、変だなと思ったところがあります。バスを選んだ人も、

想定される子どもの発言

● **「『じょうよう車』には、大きな窓がたくさんありません」**

→乗用車の説明として、「大きな窓がある」はよいとしても、「たくさん」の部分に疑問を感じるという意見です。頷けますが、あまり深入りすると、「そもそも元の文もおかしい」という議論になりかねません。「まとめて説明してある時には、気にならなかったけれど、分けて説明すると少し変に感じますね」程度に留めます。

③展開

「もしも、乗用車とバスを分けて説明したら？」とゆさぶる。「ほかの自動車と同じで、一つずつの方がいいよね」など補助発問。

④まとめ

「説明文を書いた人は、同じようなものは、まとめて説明しているのですね」など、本時の学習内容を整理する。

乗用車を選んだ人もいるのに、バスと乗用車の絵は一つにまとまっているし、説明も一つにまとめられています。

C　本当だ。

T　トラックやクレーン車も一つずつ説明されているし、バスと乗用車も一つずつの方がいいよね。**もしも、乗用車とバスを分けて説明したとしたら、どうかな？**（バスと乗用車の写真を貼り、それぞれの下に、第4、5段落の文を掲示）。音読してみよう。

C　（音読後）すごく長くなっちゃった。

C　**同じことが二回出てきて、ちょっと変です**。

T　分けると、いろいろな問題がありそうだね。やっぱり、バスと乗用車は、まとめて説明した方がよさそうですね。**それなら、トラックとクレーン車も、まとめて説明した方がいいのかな？**

C　それはダメです。トラックとクレーン車は、**「しごと」も「つくり」も違うから、まとめることはできません**。

C　バスと乗用車は、「しごと」と「つくり」が同じだからまとめることができます。

④まとめ

T　**同じ仲間だから、まとめて説明されている**のですね。

ピックアップしたい発言

● **「すごく長くなっちゃった」「同じことが二回出てきて変です」**

→分けて説明することへの違和感を実感している発言です。音読をしたことで、多くの子どもが、こうした違和感を体感していると考えられます。これらの発言が出たら、「みなさん、〇〇さんが言っていること分かる？」と、すかさず共有化を図り、「分けて説明しない方がよい」という「教室の空気」を醸成します。

2年

スイミー

（光村図書）

6/9時（第二次）

もしも、こんな海があったとしたら、そこは「とっても不思議な海」ですね。

本時の目標

あるものを別のものに「たとえる」ということについて理解するとともに、「―ような」、「―みたいな」という比喩を表す言葉を知る。

［教材のポイント］

比喩表現には、対象の物事をより分かりやすく伝えたり、読み手のイメージを膨らませたりする効果があります。また、視点人物の心情やものの見方・感じ方も表れます。本教材においても、比喩表現から海の中の様子が豊かに想像できるだけでなく、そのような見方をする視点人物「スイミー」の心情が解釈できます。本時ではまず、比喩という表現技法について理解を促します。

「もしも発問」を生かした授業展開

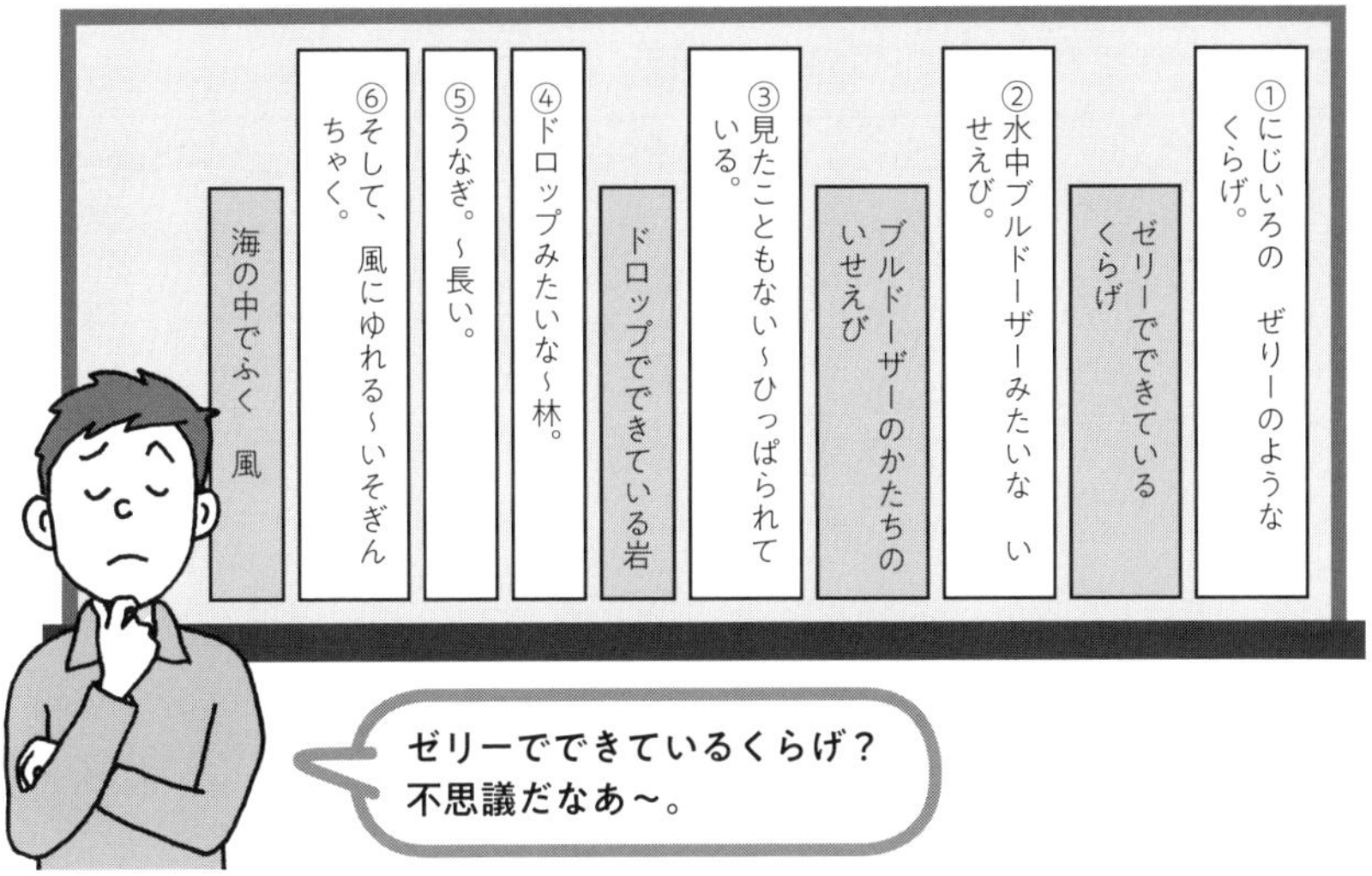

①にじいろの　ぜりーのような　くらげ。
ゼリーでできている　くらげ
②水中ブルドーザーみたいな　いせえび。
ブルドーザーのかたちの　いせえび
③見たこともない～ひっぱられている。
ドロップでできている岩
④ドロップみたいな～林。
⑤うなぎ。～長い。
⑥そして、風にゆれる～いそぎんちゃく。
海の中でふく　風
ゼリーでできているくらげ？
不思議だなあ～。

【ステップ1】

第三場面でスイミーが見たものを取り上げ、「一番元気が出そうなのは？」という学習課題を設定し、理由の交流を行います。

【ステップ2】

「もしも、こんな海があったら、『とっても不思議な海』ですね。だって、『ゼリーでできているくらげ』がいるのですよ」と投げかけ、比喩表現を教師が誤って捉えたように振る舞います。子どもたちは、比喩表現を説明することはできなくても、この発言のおかしさには感覚的に気付くことができるはずです。「海の中なのに、風が吹いているのも不思議」等と、さらにゆさぶりつつ話し合い、「たとえ」について整理を行います。

△ 直接的な問い

「『にじいろのゼリーのようなくらげ』ってどういうこと？」

①導入

第３場面の最初の二文を読み、スイミーが見たものを問う。六つの見たものを子どもに挙げさせて、カードを黒板に貼る。

②課題提示

学習課題は、「一番元気が出そうなのは？」。六つの中から、一つ選択し、その理由について交流する。

授業展開　2年　スイミー

①導入

T　スイミーは、三場面で、「すばらしいもの」や「おもしろいもの」をいっぱい見ました。**どんなものがありましたか？**

C　「にじいろのゼリーのようなくらげ」と……（六つ挙げる）。

②課題提示

T　**皆さんがスイミーだったら、どれを見たら一番元気が出そうですか？**

C　私は、「水中ブルドーザーみたいな　いせえび」です。かっこいいからです。

C　僕は、「うなぎ」です。すごく長くって面白そうだからです。

C　「いそぎんちゃく」です。「もも色」で、きれいだと思うからです。私はピンクが好きなので、見てみたいです。

③展開

T　元気が出そうなものばかりですね。でも、**もしも、こんな海が本当にあったとしたら、そこは「とっても不思議な海」ですよね。**

C　えっ、どうしてですか？

さらなる教材分析

一見比喩表現に見えない③と⑤の文の中にも、比喩表現が用いられていると考えられます。「見えない糸でひっぱられている」は、「見えない糸にひっぱられている（ように見える）」ということだと考えられるからです。このような比喩を「隠喩」と言い、「―のような」などの言葉によって、すぐに分かる比喩は「直喩」と言います。本教材で言えば、①②④⑥は「直喩」で③⑤は「隠喩」だと考えられます。

③展開

「もしも、こんな海があったら、不思議な海ですよね」とゆさぶる。その上で、比喩表現を誤って理解した考えをあえて提示する。

④まとめ

「たとえ」とはどのようなことかについて整理するとともに、「たとえ」を表す言葉を確認する。また、次時への課題を示す。

T　だって、①の「ゼリーでできているくらげ」がいるし、②の「ブルドーザーの形をしたいせえび」もいるのですよね。

C　えー！（笑）

T　それに、④の「ドロップでできている岩」もあるし、一番不思議なのは、⑥です。海の中なのに、「風」がふいています。

C　先生、違います。**①のくらげは、本当にゼリーでできているのではありません。**

C　④の岩も、ドロップでできているわけじゃないよ。

C　**「―のように」とか「―みたいな」って書いてあります。**

C　これは、**「たとえ」だと思います。**②のいせえびは、ブルドーザーみたいに見えるっていうことです。

T　じゃあ、⑥も、本当に風が吹いているわけじゃなくて……。

C　そうです。水の中でゆらゆらしているのが、やしの木が風に吹かれているように見えるっていうことです。

④まとめ

T　**「―のように」や「―みたいな」というのは、「たとえ」を表す言葉なのですね。**そうすると、それらの言葉が書かれていない③や⑤は、「たとえ」ではない……？　次の時間に考えてみましょう。

次時以降の授業内容例

①「たとえ」の効果について考える

本単元の目標は、「あらすじ」をまとめることです。第３場面の内容を短くまとめるため、比喩の必要性と効果を考えさせます。

②「あらすじ」をまとめる方法について考える

「一部分のみ詳しいあらすじ」「好きな場面順に書かれているあらすじ」などを提示して違和感を引き出し、正しい方法を整理します。

お手紙

（光村図書）

5／12時（第二次）

もしも、

「大いそぎで家へ帰り、
えんぴつと紙を見つけ、
……」のように、
一文だったとしたら？

本時の目標

行動描写の内容だけでなく、その表現のされ方によっても、人物の様子を想像することができることを理解する。

［教材のポイント］

人物の心情や様子を想像する際に、大きな手掛かりになるものが「会話文」や「行動描写」です。本教材においても、それらの表現から想像できます。本時で注目するのは、二人の中心人物の心情や様子を、それらの表現から想像できます。本時で注目するのは、行動描写の内容だけでなく、表現のされ方からも様子を想像できるということです。第二場面の「かえるくん」の行動描写が「短文」で表されていることによって、急いでいる様子を想像できるのです。

「もしも発問」を生かした授業展開

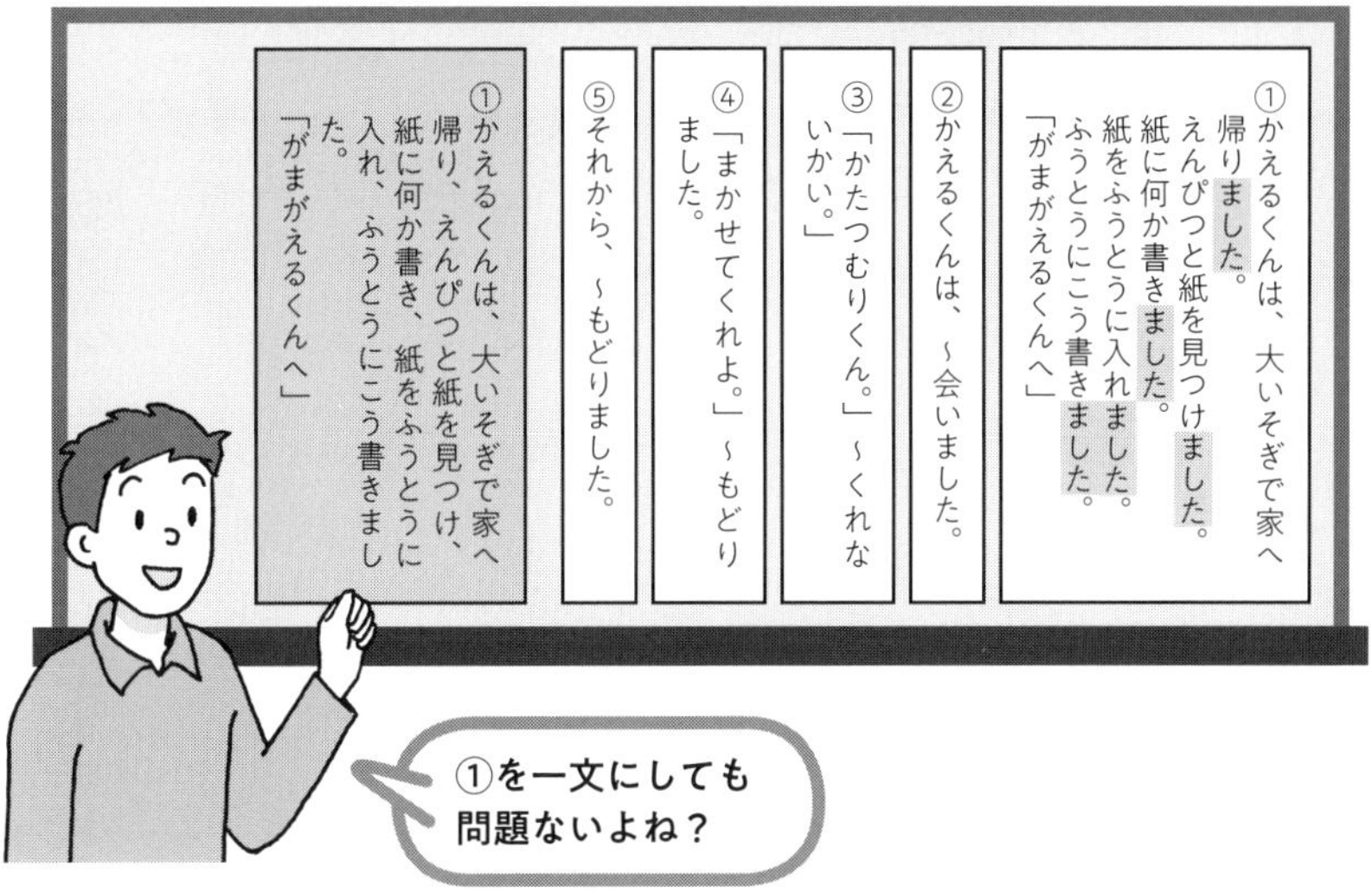
①かえるくんは、大いそぎで家へ帰りました。えんぴつと紙を見つけました。紙に何か書きました。紙をふうとうに入れました。ふうとうにこう書きました。「がまがえるくんへ」
②かえるくんは、～会いました。
③「かたつむりくん。」～くれないかい。」
④「まかせてくれよ。」～もどりました。
⑤それから、～もどりました。
①かえるくんは、大いそぎで家へ帰り、えんぴつと紙を見つけ、紙に何か書き、紙をふうとうに入れ、ふうとうにこう書きました。「がまがえるくんへ」
①を一文にしても問題ないよね？

【ステップ1】

「『ました』がたくさんあって、音読しづらいな……」と言いながら、「もしも、一文だったとしても、問題ないよね」とゆさぶり、表現の特徴への着眼を促します。

【ステップ2】

子どもたちは、「短文で書かれている」ということに気付けたとしても、その効果を考えることは難しいと考えられます。そこで「訳者の三木卓さんに、怒られちゃったよ」という、仮の状況設定を行います。三木さんの言葉の続きを考えるという活動することで、短文の効果を考えやすくすることができると考えています。

△ 直接的な問い

「かえるくんがしたことを、一つの文でまとめて書かず、短い文で、一つ一つ表現しているのは、なぜ？」

①導入

1場面の最後の会話文をもとに、誤った解釈を伝えることで、「かえるくん」の大まかな人物像を子どもから引き出す。

②課題提示

学習課題は、「かえるくんのいいなと思うところは？」。五つのカードの中から、一つ選択し理由について交流する。

授業展開

2年 お手紙

①導入

T **一場面の最後のかえるくんの会話文、どんな文でしたか？**

C 「ぼく、もう、家へ帰らなくっちゃ、がまくん。しなくちゃいけないことが、あるんだ。」

T **悲しむがまくんを置いて、家へ帰るかえるくん。ひどい人だ。**

C いや、ひどくないです。かえるくんは、がまくんのために帰ったのです。優しい人、いい人です。

②課題提示

T そうでしたよね。**二の場面で、かえるくんのいいなと思うところはどこですか？**

C ①の「大いそぎ」で家へ帰ったところです。早く手紙を届けてあげたいと思っている。

C ②からも、急いでいるのが分かる。「とび出しました」のところ。

C ①で、「がまがえるくんへ」って書いているところ。「がまくんへ」じゃなくて、丁寧に書いているところがいい。

C ⑤です。がまくんの家に、戻ってあげるところが優しい。

授業展開のアレンジ例

時間に余裕がある場合、さらにもう一つ、「もしも発問」を提示することもできます。「もしも、一文だったら？」の話し合いで、子どもたちは、「一文でなく、短い文がいい。急いでいることが伝わるから」という結論を出したとします。そこで、**「もしも、全ての文に『かえるくんは』と主語がついていたら？」**と投げかけます。「短い文だからいいよね」という先ほどの結論を逆手にとってゆさぶるのです。

③展開

「もしも、文を一つにまとめても問題ないよね？」とゆさぶる。「『ました』がいっぱいあって、音読しづらいから」と補助発問。

④まとめ

「『したことの文』の書かれ方からも、様子が想像できますね」等、学習内容を抽象化して示す。学習を生かして音読する。

③展開

T 「したことの文」から、かえるくんはいい人だなって分かりますね。そんなかえるくんのいいところが伝わるように、今日もみんなで音読したいのですが……。①の文は、「ました」がいっぱいあって、ちょっと音読しづらいと思うので、少し変えた方がいいなと考えました。**もしも、「ました」を一つにまとめて、「大いそぎで家へ帰り、えんぴつと紙を見つけ、紙に何か書き、紙を……」のように、一文だったとしても、問題ないですよね？**

C まぁ、それでもいいけど……。

T 先生も、それでもいいと思ったのだけれど、実は、訳者の三木卓さんに、怒られちゃったの。**「だめですよ、髙橋先生。まとめないで、短い文がたくさんある方が……」続き、何だと思う？**

C 短い文がたくさんある方が、急いでいる感じが伝わる。

C 大急ぎで道具を準備して、手紙を書いている様子が想像できる。

④まとめ

T **短い文で書かれていると、急いでいる感じがするのですね。**かえるくんの様子やいいところが伝わるように音読をしましょう。

ピックアップしたい発言

● **「短い文で書かれている方が、急いでいる感じが伝わります」**

→「短文」で表現することによる効果に気付いている発言です。このような発言が一人の子どもからでも出されれば、「Aさんが言っていること、分かる？」と全体に問い返し、Aさんの考えをみんなで解釈し合うことで、共有化を図ることができます。短文の効果をより実感をもって理解するために、音読をして比べてみることも大切です。

わたしはおねえさん

（光村図書）

6／10時（第二次）

もしも、
お話の最後に、「かわいい
妹の絵をのこしておきたい
と思ったのです」と
書かれていたら？

本時の目標

文学的な文章における「空所」について理解するとともに、「空所」を考える際に、自分と結び付けて考えることが有効であると知る。

［教材のポイント］

多くの文学作品には、読み手の解釈を促すために、作者によって意図的に設けられた「空所」があります。小学校教材であれば、「海の命」における「空所」が代表的です（太一が瀬の主を打たなかった理由が書かれていない）。本教材でも、最後の場面における視点人物の行動の意図が「空所」となっているため、読み手は、自分の経験等と結び付けながら、想像を広げることができるようになっています。

「もしも発問」を生かした授業展開

①「あはは。」
～わらいだしました。
②ぐちゃぐちゃの絵が、
～見えてきたのです。
③ふたりでたくさん
～言いました。
④「じゃあ、かりん。
～ちょっとどいて
ね。」
⑤すみれちゃんは、
～つぎのページを
ひらきました。
⑥すみれちゃんは、
かわいい妹の絵を、
のこしておきたいと
思ったのでした。
⑥のように、理由が書かれていた方が分かりやすいですよね。

［ステップ1］

最後の場面で、「すみれちゃん」が、ノートの絵を消すのをやめた理由について、子どもから解釈を引き出します。

［ステップ2］

子どもの解釈を取り上げ、「もしも、消さなかった理由が書かれていたら？」と、文を仮定してゆさぶります。その際、「理由が書かれていた方が、読む人も分かりやすいですよね」という補助発問が有効です。

仮定する文（⑥）は、子どもの発言（なぜ消さなかったか）によって決まります。そのため、授業内で作成するか、もし事前に作成する場合には、想定して複数用意する必要があります。

△ 直接的な問い

「すみれちゃんが絵を消さなかった理由は、なぜ書かれていないのだろう？」

①導入

前の場面までの内容を簡単に振り返る。本時は最後の場面を学習することを伝え、音読して内容を確認する。

②課題提示

学習課題は「すみれちゃんのいいところは？」。五つのカードの中から、特にいいと思うものを選ばせ、理由を交流。

授業展開 2年 わたしはおねえさん

①導入

T　今日はいよいよ、最後の場面です。**どんな場面だったか、みんなで音読して確かめましょう**（黒板にカードを貼る）。

②課題提示

T　**最後の場面でも、「すみれちゃん」のいいところは見つけられそうですか？**（C　うん、たくさんあります。）

T　それでは、**特にいいと思ったところの番号と理由をノートに書きましょう**。（挙手で人数確認後に意見交流。⑤は最後にする）

C　私は、①です。もし自分だったら、笑えないと思います。

C　僕は②を選びました。ぐちゃぐちゃの絵を、かわいいと思ってあげる「すみれちゃん」は、いいお姉さんだなと思います。

C　③がいいなと思いました。二人で笑っているところが、優しいお姉ちゃんだなって思いました。

C　私は④がいいと思いました。「かりん、どいて！」みたいな厳しい言い方じゃなくて、言い方が優しくて、えらいなと思いました。

C　⑤がいいと思います。妹が描いた絵はぐちゃぐちゃなのに、か

授業展開のポイント

選択型の学習課題で授業を進める場合に重要なのが、指名の順序です。発言しやすい雰囲気をつくるため、少数意見から順に発言を促すのが基本ですが、本時のように、**特定の立場の意見が次の授業展開に関わる場合、その立場は意図的に最後に指名する**ようにしています。「ところで、さっき話題になったところだけれど……」のように、不自然に話題を戻すのを避けるための工夫です。

③展開

「もしも、お話の最後に『かわいい妹の絵をのこしておきたいと思ったのです。』と書かれていたら……？」と仮定してゆさぶる。

④まとめ

物語には、あえて書かれていない部分があることを確認。自分が「すみれちゃん」ならば、どんな理由かを考えてもよい。

わいいと思って、消さないでおいたところがいいなと思います。

C 私も同じです。かわいい妹の描いた絵を、残しておきたいと思った「すみれちゃん」は、すごくいいお姉さんです。

T なるほど、そういう気持ちで、消さなかったのですね。

③展開

T 今、⑤を選んだ人たちが言ってくれたこと、お話の中に書いてあった方がいいですよね。**もしも、お話の最後に「かわいい妹の絵をのこしておきたいと思ったのです。」と書かれていたら……？**

C 思ったことが書いてあった方が、分かりやすいですよね。

C でも、もしかしたら後でお母さんに見せようと思っただけかも。もし私だったら、そういう理由です（笑）

T なるほど、ほかの理由も考えられるということですね。

C **書かれていない方が、「どうして消さなかったのかな？」って、考えてみたくなります。自分だったら……って考えられます。**

C 色々な理由を想像できる方が、読んでいて楽しいと思います。

④まとめ

T **物語には、読む人が想像できるように、書かれていないところがよくあります。**自分だったら……と考えるといいですね。

想定される別の授業展開

「すみれちゃん」の最後の行動の理由が書かれていないことのよさに気付くのが難しい場合や、⑥を加える教師の提案に子どもたちが賛成する場合が想定されます。

そのような場合は、「先生も、書いてあった方がいいと思ったのだけれど、作者の石井さん、わざと書いていない気がする」と伝え、書かれていない理由や、書かないことのよさを解釈させるという展開が考えられます。

たんぽぽのちえ

（光村図書）

7／10時（第二次）

もしも、
第1段落と第10段落が
なかったとしたら？

本時の目標

「はじめ」「中」「おわり」という説明文の基本的な構成を知るとともに、それぞれの部分の役割を理解することができる。

［教材のポイント］

説明文の基本的な文章構成が、「はじめ」「中」「おわり」の三部構成です（光村図書では、本教材が、最初に学習する三部構成の説明文）。全十段落のうち、第一段落が「はじめ」、第二段落から第九段落が「中」、第十段落が「おわり」であると捉えられます。本教材においては、「はじめ」は「話題」の提示、「中」は「事例」の説明、「おわり」は「事例」のまとめを行う役割があると考えられます。

「もしも発問」を生かした授業展開

四つの「ちえ」が書かれている第2段落から第9段落までの文章
題名は「たんぽぽのちえ」だから、「ちえ」が書かれている段落だけで十分だよね？
第1段落の文章
第10段落の文章

［ステップ1］

前時までの学習を生かし、「ちえ」が書かれているのが第二段落から第九段落までであることを確認します。

［ステップ2］

「『ちえ』が書かれていない第一段落と第十段落は、なくてもいいのでは？」とゆさぶります。補助発問としては、「この説明文の題名は『たんぽぽのちえ』だから、『ちえ』だけ分かれば、それで十分だよね」等が考えられます。「もしも、なかったとしたら……」と考えることで、「はじめ」の話題提示の役割、そして「おわり」の事例をまとめる役割が見えてくるのです。役割とセットで、学習用語を押さえます。

△ 直接的な問い

「なぜ、『ちえ』が書かれていない第一段落と第十段落があるのか？」

①導入

「様子かな？　理由かな？　クイズ」をする。文末表現で、「様子」か「理由」かを見分け、前時までの学習内容を確認する。

②課題提示

学習課題は、「第10段落には、ちえが書かれているかな？」。「文末表現」や「内容」などの観点から話し合う。

授業展開　2年　たんぽぽのちえ

①導入

T　**「様子かな？　理由かな？　クイズ」をします！**　これは、どっち？　第一問「ぐったりとじめんにたおれてしまいます」。

C　様子です。「倒れる」だし、「〜ます」と書かれているからです。

②課題提示

T　これまでに、四つの「ちえ」を見つけましたね。**今日は、第十段落なのですが、「ちえ」が書かれているでしょうか。**

C　「ちえ」が書かれていると思います。だって、「〜ます」の文と、「〜のです」の文がセットになっているからです。

C　うんうん。しかも、「いろいろなちえ」とも書かれています。

C　これって、様子なのかな？　「いろいろなちえをはたらかせています」だけだと、どんなことをするのかが分からないな……。

③展開

T　実は、みんなの話し合いの通りで、**第十段落には、新しい「ちえ」は書かれていません。**だから、「ちえ」は、全部で四つです。

C　「ちえ」が書かれているのは、第二段落から第九段落だね。

前時までの学習内容

①２段落ずつ学習を進め、様子が書かれている段落と理由が書かれている段落があることを読み取ります。

②様子は「〜ます」、理由は「〜のです」や「〜からです」という文末表現で書かれていることを発見します。

③「様子と理由」がセットで、一つの「たんぽぽのちえ」であることを確認します。

③展開

「もしも、第1段落と第10段落がなかったら？」とゆさぶる。「『ちえ』が書かれていないから必要ないよね」など補助発問。

④まとめ

「『はじめ』には話題を伝える役割、『おわり』にはまとめをする役割があるのですね」など、本時の学習内容を整理する。

T　そうですね。だとすると、「ちえ」が書かれていない、第一段落と第十段落は、あまり必要ないかもしれませんね。**もしも、第一段落と第十段落がなかったとしたら、どうかな？（第一段落と第十段落のカードを黒板から外す）**。

C　第一段落がないと、いきなり「その花は」になって、何の花のことを言っているのかが分かりません。

C　第十段落も、ないと、何だか中途半端な感じがします。

C　第十段落があると、この説明文はこれで終わりですって感じる。

C　こんなに色々なちえがありますよって、まとめているから必要。

④まとめ

T　みんなの話し合いを聞いていて、感心しました。**実は、二年生から勉強する説明文は、全体が三つに分かれています。「はじめ」と「中」と「おわり」の三つです。**

C　第一段落が、「はじめ」で、第十段落が「おわり」？

T　その通りです。**「はじめ」には、「今からこのことをお話しますよ」っていうことを知らせる役割があって、「おわり」には、説明文をまとめる役割があります。**

気を付けて展開したい場面

●第10段落には、「ちえ」が書かれているか？

　ここで、「書かれている」「書かれていない」という対立軸で話し合いを行うことは避けたいところです。そのため、あえて、ノートに考えを書かせていません。考えの固定化を防ぐためです。ただ、頑なに「書かれている」と主張する子どもがいる場合には、「『まとめのちえ』が書かれているね」と価値付けることもできます。

2年

馬のおもちゃの作り方

（光村図書）──　4／14時（第二次）

本時の目標

〈作り方〉の各段落において、「その段落は何の作り方を説明する段落か」という端的な内容が一文目に示されていることを捉える。

[教材のポイント]

その段落における説明内容を端的に表す一文のことを、「中心文（トピック・センテンス）」と言います。中心文が段落の第一文となっている場合、読み手が、その段落の中心的内容を把握した上で、読み進めることができるという利点があります。見出しと同じような効果があると言えるでしょう。本教材においても、〈作り方〉の部分で、各段落の第一文が中心文となっています。

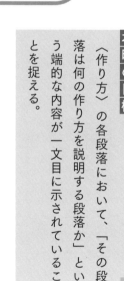

「もしも発問」を生かした授業展開

〈作り方〉
①まず、馬の体やあしになるぶひんを作ります。
②空きばこを四センチメートルぐらいの太さで四つに切りましょう。
③そのうちの三つが、馬の体になります。
④のこった一つは、半分に切り分けましょう。
⑤これは、馬のあしになります。
最初の一文がない方が、何ができるか、わくわくして楽しいよね。

【ステップ1】

「説明のいいところは？」という学習課題を設定し、〈作り方〉の第一段落における説明の工夫について話し合います。

【ステップ2】

「最初の一文がない方が、何ができるか、わくわくして楽しいよね」等の補助発問をした上で、「一文目は、なくてもいいのでは？」とゆさぶります。

「何の作り方の説明かということが最初に書かれていることで安心して読める」という意見や、「次はこれを作るのかということが先に分かると、分かりやすい」等の読み手の実感を引き出した上で、効果を整理します。

△直接的な問い

「なぜ、各段落の最初に、何を作るかが書かれているのか？」

①導入

前時に設定した「説明のいいところを探して、オリジナル説明文に生かそう」という単元のめあてを確認する。

②課題提示

学習課題は「せつめいのいいところは？」。第一段落の中で、特にいいと思う一文を選び、理由を交流する。

授業展開

2年 馬のおもちゃの作り方

①導入

T 前の時間には、馬のおもちゃを作りましたね。

C 難しかったけれど、説明をよく読んだら作り方が分かりました。

T そうでしたね。みんながきちんと作れるほど、みやもとさんの説明が上手でした。**みやもとさんの説明のいいところを探して、オリジナル説明文に生かしましょう。**

②課題提示

T **第一段落の説明のいいところについて話し合いましょう。**何文目がいいと思いますか？　特にいいと思う文を選んで、文の番号と理由をノートに書きましょう。

（人数を挙手で確認後）考えを教えてください。

C 2番の文です。「四センチメートル」と、太さがはっきり書かれているので、間違えないで切ることができるからです。

C 5番の文がいいと思いました。理由は、この文がないと、何を作ったのかが分からないからです。

C 文じゃないんだけれど。最初に書いてある「〈作り方〉」のとこ

想定される子どもの発言

●「文じゃないんだけれど……、写真がいいと思いました」

第一段落の説明のいいところについて話し合う際、「〈作り方〉」という見出しの部分のほかに、写真に着目した意見が出ることも予想されます。もちろん工夫の一つであるとして肯定的に受け止めつつ、「文の中ではどの文がいいと思う？」などの声をかけることが大切です。

③展開

「説明のよくないところを見つけてしまいました……」と切り出す。その後、「一文目がなかったとしたら？」と仮定する。

④まとめ

話し合ったことをまとめ、一文目の役割について整理する。ほかの段落の一文目が同様の書きぶりであることも、改めて確認したい。

ろがいいと思いました。何が書かれているかが分かりやすいから。

③展開

T　先生、説明のよくないところを見つけてしまいました……。（Cえっ！）1番の文。最初に、「○○を作ります」って、言わない方が、作る人が「何ができるのかな？」ってわくわくすると思うのです。**もしも、1番の文がなかったとしたら？**（第一文抜きで音読をした上で）なくして読んでみても問題ないから、いいよね。

C　いや、だめです。なかったら、「何を作るのか」が分からなくて、「わくわく」というよりも、心配になる。

C　うん。「○○を作る」ということが、最初に分かった方が、読んでいて分かりやすいと思います。

C　ほかの段落も、同じように、1番の文に「○○を作ります」って書かれています。「まず」、「つぎに」などの言葉もあって、作る順番も分かるから、1番の文は大事だと思います。

④まとめ

T　**段落の最初の文には、大切な役割がありますね**。「まず」などの順序を表す言葉、「何の作り方か」を書くことなどを、自分のオリジナルの説明文にも生かしましょう。

次時以降のもしも発問例

①〈ざいりょうとどうぐ〉と〈作り方〉だけあればいいのでは？
「もしも『前書き』、〈楽しみ方〉がなかったとしたら？」
→あることで、どのようなよさがあるかについて考えます。
②「もしも〈ざいりょうとどうぐ〉の部分が文章で書かれていたら？」
→「かじょう書き」になっていることのよさについて考えます。

おにごっこ（光村図書）

3／12時（第二次）

もしも、
「大まかな遊び方」だけしか書かれていないとしたら？

本時の目標

事例には、「大まかな例」と「詳しい例」（具体例）があることを理解するとともに、具体例があることのよさを考える。

［教材のポイント］

複数の事例が列挙される「事例列挙型説明文」においては、事例が二つの抽象度で示されることがあります。本教材においても、第二段落で紹介されている遊び方は、「てつぼうよりむこうににげてはだめ。」という具体的なルールのレベルと、「にげてはいけないところをきめるもの」というより抽象度の高いレベルで説明されています。なお、第三段落も同様ですが、第四段落は書きぶりが異なっています。

「もしも発問」を生かした授業展開

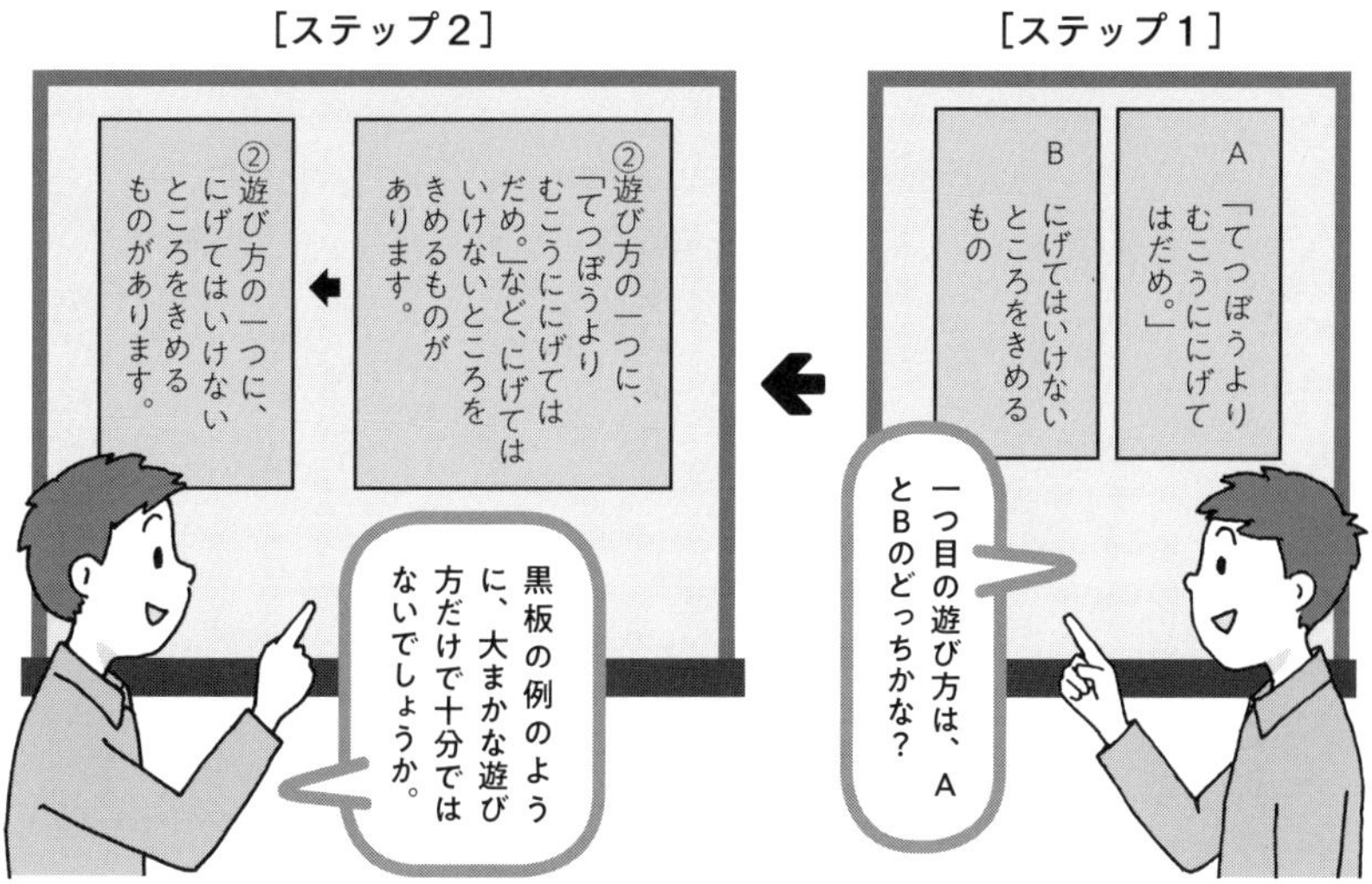

[ステップ1]
A 「てつぼうより むこうににげて はだめ。」
B にげてはいけない ところをきめる もの
一つ目の遊び方は、AとBのどっちかな？
[ステップ2]
②遊び方の一つに、「てつぼうより むこうににげては だめ。」など、にげては いけないところを きめるものが あります。
②遊び方の一つに、にげてはいけない ところをきめる ものがあります。
黒板の例のように、大まかな遊び方だけで十分ではないでしょうか。

[ステップ1]

「一つ目の遊び方は？」という学習課題を設定し、「問い」の答えとして適切なのはどの部分かについて話し合います。「大まかな遊び方」と「詳しい遊び方」が示されていることに気付かせる段階です。

[ステップ2]

「大まかな遊び方だけでいいのでは？」とゆさぶります。ポイントは、「同じ遊び方なのに、二種類の書き方がされていると迷ってしまうよね」等の補助発問です。

「大まかな遊び方」のみが書かれた第二段落の文章を提示し、本来の第二段落と見比べる中で、「詳しい例」が書かれているよさについて解釈を促します。

△ 直接的な問い

「なぜ、『大まかな例』と『詳しい例』の両方が書かれているのか？」

①導入

前時に確認した、二つの問いの文を振り返る。その上で、「今日は、問い①の答えを探します」と授業の全体像を示す。

②課題提示

学習課題は「一つ目の遊び方は？」。話し合いを通して、「大まかな遊び方」と「詳しい遊び方」について整理する。

授業展開

2年 おにごっこ

①導入

T （前時の振り返り後）**今日は、問い①「どんな遊び方があるのでしょうか。」の答えを探します。**この説明文では、色々遊び方が紹介されていますね。まず、一つ目の遊び方を見つけましょう。第二段落を先生が読むので、どんな「あそび方」が書かれているか考えてください（ノートに記入させる）。

②課題提示

T みんなのノートを見ると、このような遊び方が書かれていますね。一つ目の遊び方は、どちらなのでしょうか？（選択肢を提示）

A **「てつぼうよりむこうににげてはだめ。」**

B **にげてはいけないところをきめるもの**

C Aだと思います。教科書の絵にも、鉄棒が書かれています。

C 僕はBだと思う。逃げてはいけないところを決めていれば、どんな遊び方でも大丈夫。鉄棒じゃなくて、ブランコでもいい。

C 私は、AとBの両方だと思う。Bに書いてある、逃げてはいけないところの一つが、鉄棒だと思う。

次時以降の授業展開例

①第二段落から、問い②の答えの文を探します。問い②には、「なぜ」とあることから、理由を聞かれていることが分かります。文末を少し変形させて、「〜からです」をつけた時に、自然な文が問い②の答えだと確認します。

②これまでの学習を活用し、第三段落以降における、問い①・②の答えを探します。

③展開

「もしも、『大まかな遊び方』だけなら？」と仮定する。「二つの書かれ方がされていると、迷ってしまうよね」と補助発問。

④まとめ

説明文には、「大まかな例」と「詳しい例」があること、「詳しい例があると、書いてあることがよく分かる」ことを整理。

③展開

T　実は、みんなが話してくれた通り、AもBも両方とも遊び方なんですね。**一つが「大まかな遊び方」で、もう一つは「詳しい遊び方」。どっちがどっちだと思う？**

C　Aが「詳しい遊び方」だと思う。鉄棒っていう場所があるから。

T　そうですね。Bは、詳しい場所が書かれていないから……。

C　「大まかな遊び方」です。

T　同じ遊び方なのに、二つの書かれ方がされていると迷ってしまうよね。この遊び方は、色々な場所があり得るから、「大まかな遊び方」だけ書いてあればいいのでは？　**もしも、「大まかな遊び方」だけしか書かれていないとしたら、どうでしょうか？**

C　それだけでも、分かるけれど……。

C　「詳しい遊び方」が書かれていないと、どんな遊び方か、すぐには分からない人もいると思います。

C　例えば鉄棒とか、例があった方が、分かりやすいと思います。

④まとめ

T　**説明文では、「大まかな例」と「詳しい例」が書かれていることがあります。**「詳しい例」があると、より分かりやすいですね。

想定される別の授業展開

●教師の提案に賛成する子どもがいる場合

→「大まかな遊び方だけ書いてあればいいよね？」という発問に対して、賛成する子どもがいる場合があります。共感しつつも、「この文を書いた『もりした　はるみ』さんに言ってみたら、『私の気持ちが分からないのですか？』って言われちゃった。筆者は、どんな気持ちで両方を書いたのかな？」と、全員が筆者側に立って考えられるように展開します。

3年

まいごのかぎ

（光村図書）

2/6時（第二次）

もしも、
お話に続きがあったとしたら、りいこは、また不思議なできごとに出合うかな？

本時の目標

現実と非現実の世界を結ぶ「入口」と「出口」があるという、ファンタジー作品特有の構造を理解する。

［本時のポイント］

ファンタジーと呼ばれる文種の文学作品においては、中心人物が現実世界から不思議な世界に入る「入口」と、不思議な世界から現実世界に戻る「出口」となる部分を見出せることが多くあります。そして本教材も、そうしたファンタジー作品の一つです。小学校の文学教材の中には、他にも、第四学年の「白いぼうし」や「初雪のふる日」など、「入口」「出口」を見出せるファンタジー作品があります。

「もしも発問」を生かした授業展開

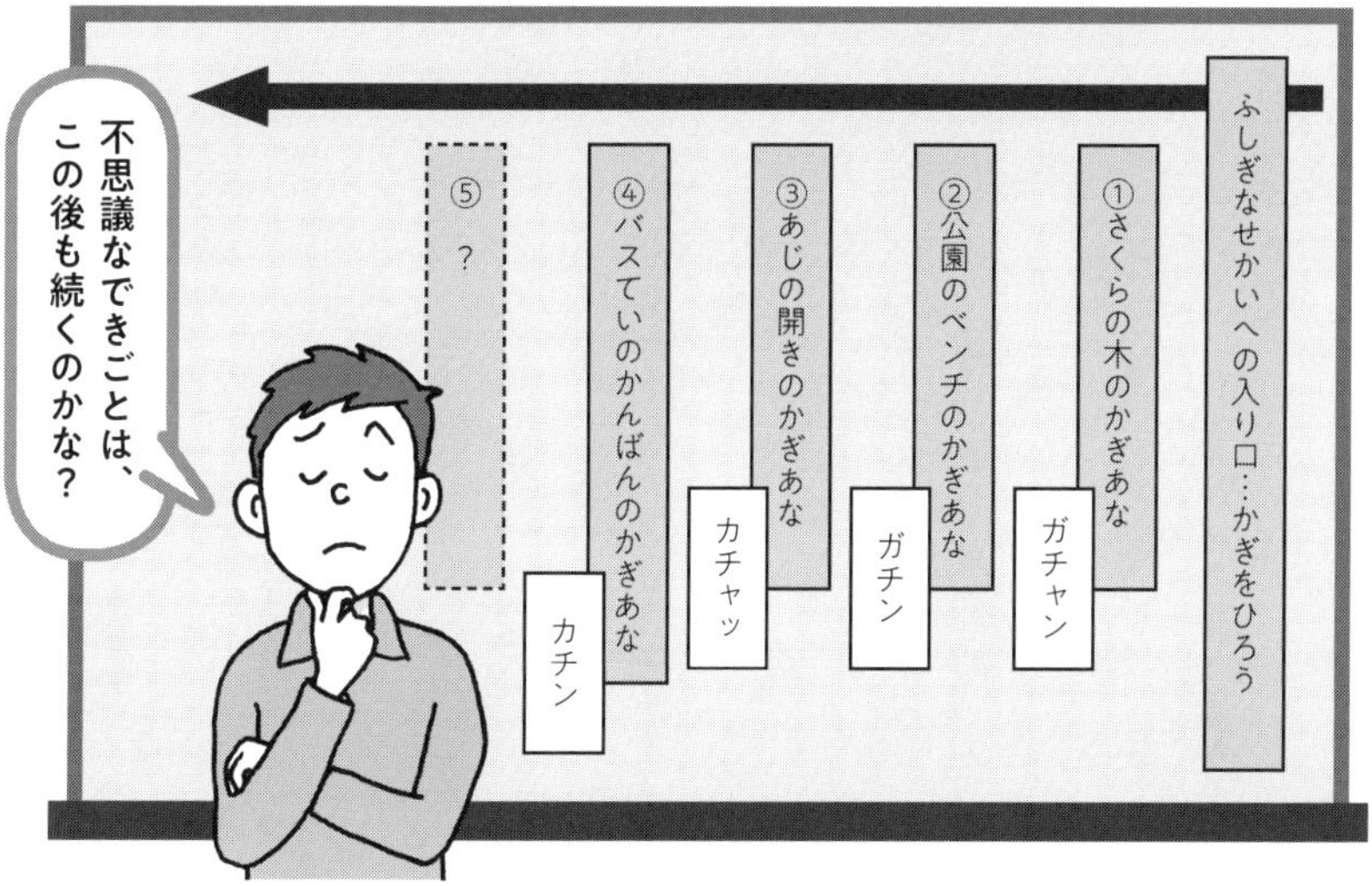
ふしぎなせかいへの入り口…かぎをひろう
①さくらの木のかぎあな
ガチャン
②公園のベンチのかぎあな
ガチン
③あじの開きのかぎあな
カチャッ
④バスていのかんばんのかぎあな
カチン
⑤
？
不思議なできごとは、この後も続くのかな？

【ステップ１】

まず、拾った鍵と不思議な出来事との関係を確認するとともに、四つの出来事がどのような出来事だったかを大まかに捉えさせます。

【ステップ２】

「もしも続きがあったら」と仮定し、「りいこ」が、この後、五つ目の不思議な出来事に出合うかどうかについて考えを問い、多様な解釈を引き出します。その上で、一つの有力な解釈として、「不思議の世界から出てしまっている」という考え方があることを伝え、それについて話し合うことで「入口」と「出口」を捉えられるようにします。

△ 直接的な問い

「不思議な出来事が始まるきっかけとなるところと、終わりであることが分かるところはどこでしょうか？」

①導入

授業冒頭で、唐突に鍵を回す時の音を提示する。何の音かを話し合い、本時で扱う四つの鍵穴があったところを確認。

②課題提示

学習課題は「一番すごいと思った出来事は？」。四つの場面の中から一つ選択させ、選んだ理由を交流する。

授業展開

3年 まいごのかぎ

①導入

T **これは、何の音でしょうか？（「カチン」、「ガチャン」、「カチャッ」を提示する）**

C かぎを回すときの音です。「カチン」が「ベンチ」と「バスていのかんばん」の鍵穴で、「ガチャン」が「さくらの木」、「カチャッ」が「あじの開き」です。

②課題提示

T 「りいこ」がこれらの鍵穴に、鍵を差し込んで回すと、不思議な出来事が起こりましたね。**みなさんは、四つの中で、どの鍵穴に差し込んだ時の出来事が一番「すごい」と思いましたか？**

C 私は、「あじの開きのかぎあな」です。あじの開きが、鳥みたいに、ふわふわと浮かぶのは、すごいです。

C 一番すごいと思ったのは、「バスていのかんばんのかぎあな」です。バス停の看板の数字は、普通は動くはずがないからです。

③展開

T 四つの出来事、どれも不思議で、本当にあったら「すごい」で

次時以降の授業展開例

●次時以降、以下のような授業展開が考えられます。

- 一番「すごい」と思った出来事として、どの出来事を何人の子どもが選んでいたか、本時の学習を振り返る。
- 「りいこ」がすごいと思った出来事が「バスていのかんばんのかぎあな」であることを確認し、ほかの出来事への「りいこ」の反応を整理する。
- 「りいこ」の心情の変化と、きっかけとなる出来事をまとめる。

③展開

「もしも、お話に続きがあったとしたら？」と仮定し、「りいこ」が、また不思議な出来事に出合うかどうかについて話し合う。

④まとめ

物語の中の不思議な世界には、入口と出口があることが多いことを確認する。時間があれば、ほかの物語でも、入口・出口を探す。

すよね。この後、五つ目の不思議な出来事は起こると思いますか？

もしも、お話に続きがあったとしたら、「りいこ」はまた、不思議な出来事に出合うかな？

C　うん、きっと、また不思議な鍵穴を見つけて、それに鍵を差し込めば、不思議なことが起こると思います。

C　でも、もう鍵は、影も形もなくなっています。

C　だから、もう鍵穴は見つけられないと思います。まいごのかぎを持っていたから、「りいこ」は不思議な鍵穴を次々と見つけた。

C　でも、もしかしたら、また鍵を拾って……。

T　色々な考え方ができますね。実は、物語の仕組みに詳しいある人は、「もう『りいこ』は不思議な世界から出てしまったので、不思議なことには出合わないでしょう。物語の中の不思議な世界には、入口と出口、始まりと終わりがあるのです」と言っています。

C　あの不思議な鍵を見つけたところが、きっと入り口です。

C　鍵がなくなったのが終わりということで、出口かな。

④まとめ

T　**不思議な世界から出てしまっていると考えれば、このあと五つ目の不思議なことには出合わないということになりますね。**

もしも発問のアレンジ

「お話のつづき」を教師が作成して仮定するパターンも考えられます。

●「もしも、お話に続きがあったとしたら、AとBのどちらの方がいいかな？」

A　その後、お家に帰っていると、りいこは、大きなてんとう虫を見つけました。その背中の点の一つが、鍵穴に見えるのです。

B　その後、お家に帰るまでに、りいこが見つけた鍵穴は、たった一つ。おうちの玄関の鍵穴です。不思議な鍵穴を見つけることは、もうありませんでした。

3年

ちいちゃんのかげおくり（光村図書）

6／10時（第二次）

本時の目標

視点人物の立場で考えるか、読み手の立場で考えるかによって、作品に対する感想が違ってくることを理解する。

［教材のポイント］

視点人物と同じ立場で、作品世界を味わうことを「同化体験」、視点人物を対象化して、読み手の立場から客観的に作品世界を見ることを「異化体験」と言います。どの立場で考えるかによって、作品に対する感じ方は違ってきます。本教材でも、視点人物の立場で考えるか、読み手の立場で考えるかで、第四場面の捉え方が大きく異なります。立場を仮定することで、そのことに気付かせるのが本時のねらいです。

「もしも発問」を生かした授業展開

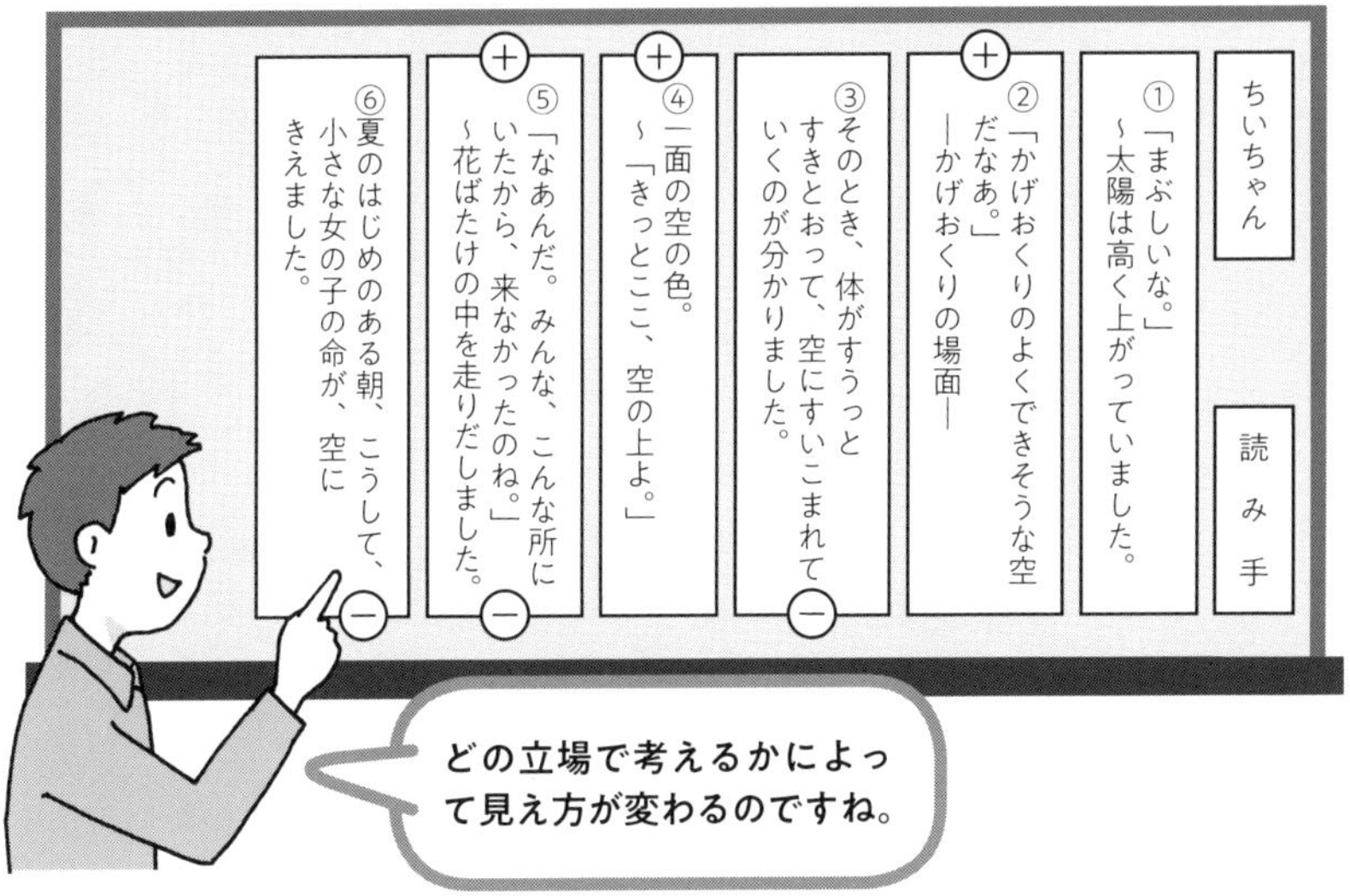

ちいちゃん
読み手
①「まぶしいな。」～太陽は高く上がっていました。
②「かげおくりのよくできそうな空だなあ。」―かげおくりの場面―
③そのとき、体がすうっとすきとおって、空にすいこまれていくのが分かりました。
④一面の空の色。～「きっとここ、空の上よ。」
⑤「なあんだ。みんな、こんな所にいたから、来なかったのね。」～花ばたけの中を走りだしました。
⑥夏のはじめのある朝、こうして、小さな女の子の命が、空にきえました。
どの立場で考えるかによって見え方が変わるのですね。

［ステップ1］

まず、場面全体に対しての感じ方を、「プラス」「マイナス」「どちらともいえない」から選択させ、考えを話し合います。ここでは、あえて立場を限定せずに場面全体の印象を問うことで、「プラス」「マイナス」の両方の考えを引き出すことを意図しています。

［ステップ2］

次に「もしも、ちいちゃんの立場だったら」と、立場を仮定して考えることを促します。

授業の前半、両方の立場からの意見が出ています。立場の混在は、未整理です。立場を仮定した上で、再度考え、前半の話し合いを振り返ることで、立場による感じ方の違いに気付くことができるようにしています。

△ 直接的な問い

「同じ場面について話し合っているのに、真逆の感想が出るのはどうして？」

①導入

前時に学習した場面における「プラス」と「マイナス」について振り返り、本時で扱う第四場面への課題意識を高める。

②課題提示

学習課題は、「第四場面はどんな場面？」。「プラス」「マイナス」「どちらともいえない」の選択肢から選ばせる。

授業展開 3年 ちいちゃんのかげおくり

①導入

T　第三場面は、「マイナス」が中心。それでも「ちいちゃん」は、小さな希望をもっていましたね。**今日は、第四場面を学習します。**

②課題提示

T　学習課題はこれまでと同じく、**「この場面は、どんな場面？」**です。**「プラス（イメージ）」「マイナス（イメージ）」「どちらともいえない」の選択肢から選んで、考えをノートに書きましょう。**

C　私は、プラスの場面だと思いました。家族と一緒に、かげおくりをすることができたからです。

C　マイナスだと思います。③（「そのとき、～分かりました。」）や⑥（「夏のはじめのある朝、～空にきえました。」）は、「ちいちゃん」が死んでしまったことを表しているからです。

C　私は、どちらともいえないと思いました。⑤（「なあんだ。～花ばたけの中を走りだしました。」）で、「ちいちゃん」はきらきら笑っているからプラスにも感じるのですが、⑥を読むと、「ちいちゃん」が死んでしまったことが書かれているからです。

想定される別の授業展開

「どんな場面？」に対する反応として、次の場合が考えられます。

●「プラス」または「マイナス」に極端に意見が偏る。

このような場合、子どもたちから意見を聞いた上で、「実はみんなと違って『プラス（マイナス）』だと考えた人がいるんだけれど、その気持ち分かる？」と投げかけ、考えさせるようにします。

③展開

「もしも、ちいちゃんの立場になって考えたとしたら？」と立場を仮定して考えさせる。その後「読み手の立場なら？」と仮定する。

④まとめ

ここまでの話し合いを振り返り、同じ場面でも、どの立場から考えるかによって、見え方や感じ方が異なるということを整理する。

③展開

T　同じ第四場面のことを話し合っているのに、「プラス」の人、「マイナス」の人、「どちらともいえない」という人、様々ですね。

C　同じ⑤でも、プラスとマイナスどちらにも捉えられます。

T　**もしも、「ちいちゃん」の立場（「ちいちゃん」の気持ち）になって考えたとしたら、どう感じますか。**

C　「ちいちゃん」の立場だったら、プラスだと思います。家族のみんなと会えて、笑っているからです。

C　私も同じです。「ちいちゃん」は自分が死んでしまったことが分かっていないからです。

T　**では、「読み手（読者）」の立場で考えたとしたら、どうかな。**

C　マイナスです。一人で頑張ってきた「ちいちゃん」の命が消えてしまったことが、とても悲しいと感じます。

④まとめ

T　第四場面は、「ちいちゃん」の気持ちになって考えるか、「読み手」として考えるかによって、感じ方が違うことが分かりました。**どの立場で考えるかによって、見え方が変わるのですね。**

想定される子どもの発言

● **「ちいちゃんはプラスの気持ちだけど、読んでいる私たちはマイナスの気持ちになっているのかもしれない」**

本時のねらいに迫るような意見が、授業の前半で出されることも想定できます。その場合には、「すごいことに気付いているみたい。〇〇さんの言っていること分かる？」と、まずはその考えの共有化を図った上で、「もしも、ちいちゃんの立場だったら……」と展開していきます。

モチモチの木

（光村図書）

3／12時（第二次）

もしも、

じさまが「空いっぱいのかみの毛をバサバサっとふるって」いるモチモチの木を見たら？

本時の目標

会話文や行動描写等のほかに、「擬人法」などの比喩表現からも、視点人物の性格を考えることができることを理解する。

［本時のポイント］

心情を捉える時と同様に、登場人物の性格を考える上で手がかりになるのが、「行動描写」や「会話文」です。また、登場人物の中でも、「視点人物」の性格を解釈する際には、これらに加えて「比喩表現」も手がかりとなります。「比喩表現」には、視点人物の「見方・感じ方」が投影されているからです。本時では、比喩表現の一つである「擬人法」を取り上げ、視点人物の性格との関連を確認しています。

「もしも発問」を生かした授業展開

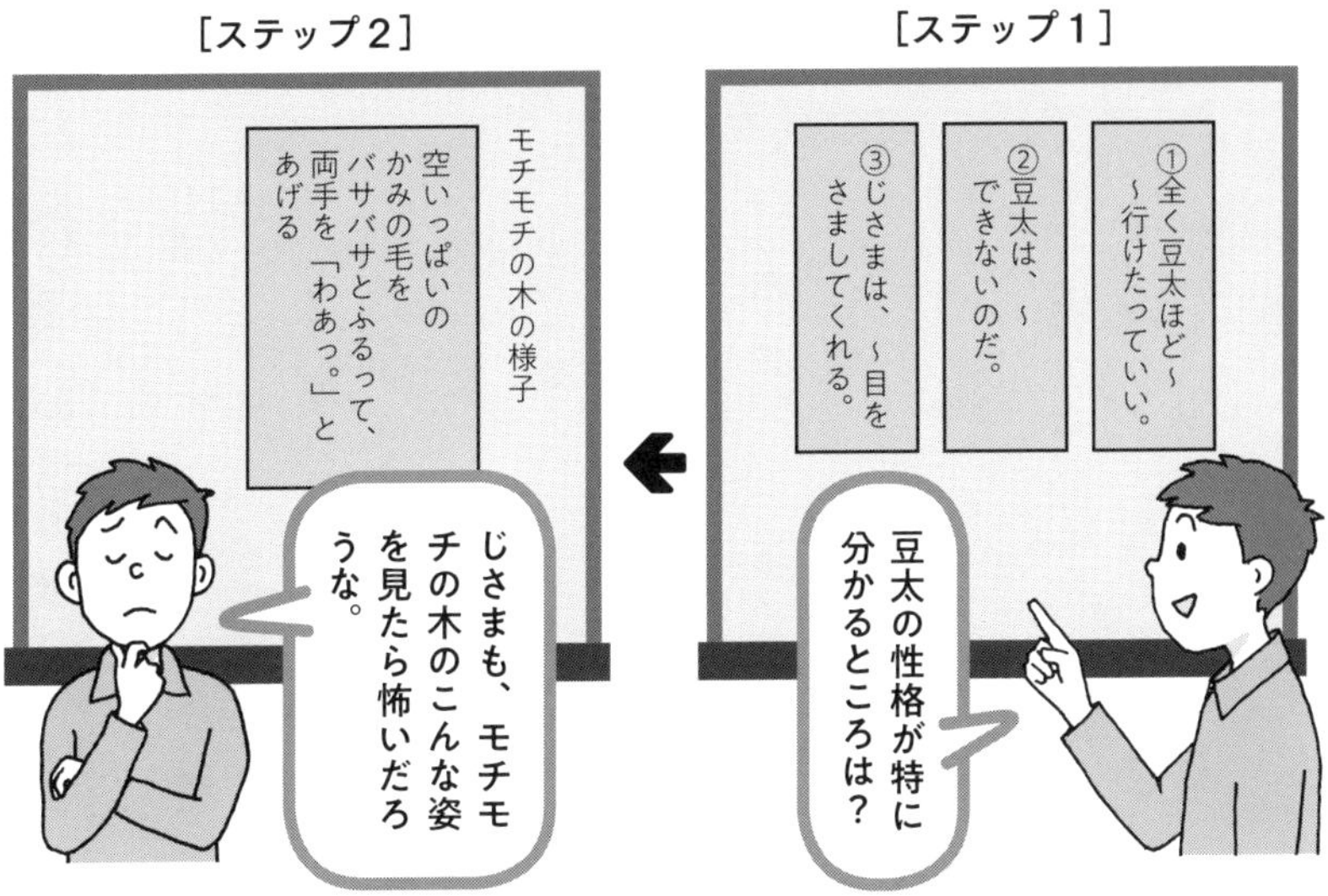
[ステップ1]
①全く豆太ほど～～行けたっていい。
②豆太は、～できないのだ。
③じさまは、～目をさましてくれる。
豆太の性格が特に分かるところは？
[ステップ2]
モチモチの木の様子
空いっぱいのかみの毛をバサバサとふるって、両手を「わあっ。」とあげる
じさまも、モチモチの木のこんな姿を見たら怖いだろうな。

【ステップ1】

「おくびょう豆太」の場面の最初の部分を、三枚程度のカードにして示し、「豆太の性格が特に分かるところ」について話し合いを行います。豆太の行動描写を根拠として、「臆病」や「怖がり」等の解釈を引き出します。

【ステップ2】

モチモチの木の描写を確認した上で、「もしも、じさまがそんなモチモチの木を見たなら……」と仮定します。「じさまでも怖いでしょうね」と、ゆさぶることで、「空いっぱいの髪の毛を……」は、豆太の視点からの表現であることを整理し、そこからも豆太の臆病な性格を想像することができることを確認します。

△ 直接的な問い

「空いっぱいのかみの毛を……」という表現からも、豆太の性格が分かるか？

①導入

本時で扱う範囲を示し、「この三枚だけでは、豆太の性格はさすがに分からないよね？」と、挑発的な問いかけをする。

②課題提示

学習課題は、「豆太の性格が、特に分かるところは？」。三つのカードの中から、一つを選択した上で意見を交流する。

授業展開

3年 モチモチの木

①導入

T 「おくびょう豆太」の場面の最初の方の文をカードにしてきました。黒板に貼るので、皆で音読しましょう(①から③まで音読)。**「豆太」の性格、この三枚だけでは、さすがに分からないよね？**

C いや、そんなことはありません。結構分かってしまいました。

②課題提示

T すごいね。では、**特にこの部分から性格が分かるというカードを一枚選んで、ノートに番号を書いてください。**書ける人は、理由も書いてね（ノートに記入後、挙手で人数を確認して交流）。

C 私は、③を選びました。豆太は甘えん坊な性格だと思います。真夜中に、小さな声で、「じさまぁ。」って言っているからです。

C 私は、①で、豆太は臆病な性格だと思います。

C 僕も似ていて、怖がりな性格だと思います。②に、「一人じゃしょうべんもできない」と書かれているからです。

③展開

T 豆太の行動描写をもとにして、「おくびょう」や「怖がり」と

想定される子どもの発言

●「豆太は、一人ではしょうべんに行けない性格です」

「どんな性格か？」という発問では、子どもたちが豆太の具体的な行動描写を抽象化して、性格を語ることを期待します。しかし、具体的な行動を、そのまま性格として発言する子どももいます。そうした発言も、「詳しく言ってくれたね」と認め、「おおまかな性格」と「くわしい性格」という形で整理を行うことで、価値付けることができます。

③展開

「もしも、じさまが、空いっぱいのかみの毛をバサバサとふるっているモチモチの木を見たら……？」と仮定する。

④まとめ

「擬人法」という表現技法を確認する。その上で、その表現から、それを見て喩えている人の感じ方が捉えられることをまとめる。

いう意見がたくさん出ましたね。②にある、表にあるモチモチの木、どんな感じだったかな。

C　空いっぱいのかみの毛をバサバサとふるって……。

T　**もしも、じさまが、空いっぱいのかみの毛をバサバサとふるって、両手を「わあっ。」とあげるモチモチの木を見たら……。**じさまでも、怖いでしょうね。

C　えっ。じさまには、そういうふうには見えないのではないかな。

T　あれ？　だってモチモチの木には、空一杯の髪の毛があって…。二つの手で「わあっ。」って……。

C　いやいや、それは、枝とか葉っぱのことです。**人間に喩えて、髪の毛とか、両手って言っているだけです。**

C　そうですよ。それに、そう見えているのは、豆太だけです。

T　じゃあ、じさまからしたら、モチモチの木は……。

C　普通の木です。でも臆病な豆太には、木がそういう風に見える。

T　なるほど。**豆太から見たモチモチの木の表現なのですね。**

④まとめ

T　**人ではないものを人に喩える表現を「擬人法」と言います。喩え方からも、豆太の臆病な性格を想像することができますね。**

次時以降の授業内容例

●豆太の見方は、立場によって異なってくるということを理解する。

語り手が「おくびょうだ」と繰り返していることで、子どもも豆太は臆病だと思い込んでいます。しかし、5歳の子どもにとって、真夜中に一人、外で用を足すことは、簡単ではありません。語り手の見方、じさまの見方、そして読み手としての見方を整理して示すことで、豆太（の性格）に対する見方は、立場によって変わるということへの理解を促すことができます。

こまを楽しむ
（光村図書）

5／8時（第二次）

本時の目標

「事例の配列」と「まとめの文」との対応関係を理解し、事例の取り上げ方における、分類や順序立てなどの筆者の意図を解釈する。

もしも、形が似ているこまを、隣同士に移動したとしたら？

［教材のポイント］

「事例」に関する様々な指導内容の中で、ここで扱うのは「事例の順序と結論部との対応関係」です。本教材の六つの事例は、前半と後半で二種類に分類されていると考えられます。前半が「回る様子を楽しむこま」で、後半が「回し方を楽しむこま」という分類です。実はこのことは、「おわり」の「回る様子や回し方で」という叙述から解釈できます。事例の順序が、結論部の内容と対応しているのです。

「もしも発問」を生かした授業展開

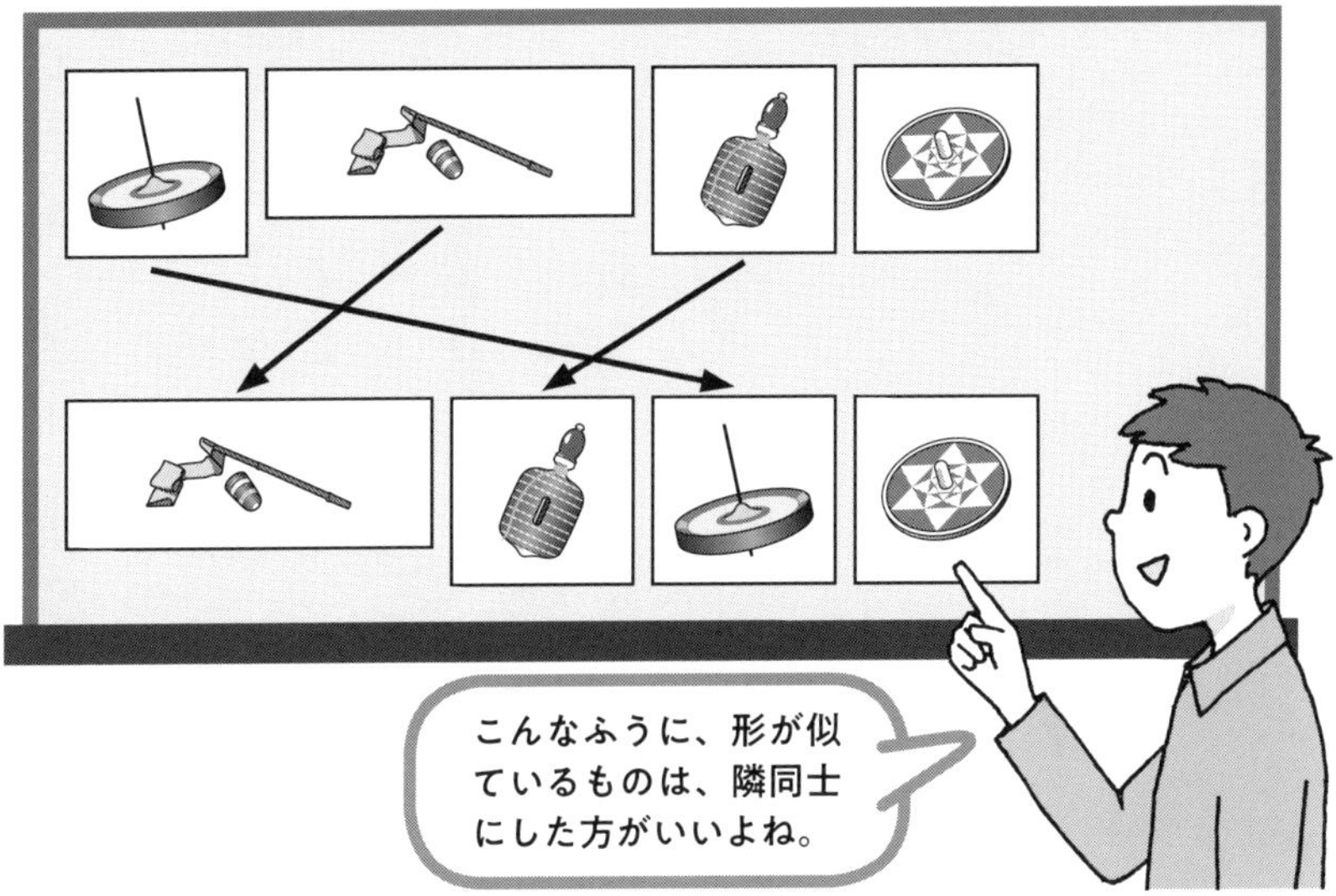
こんなふうに、形が似ているものは、隣同士にした方がいいよね。

【ステップ1】

教材文とは異なる事例の説明の順序を仮定します（「色がわりごま」の次に「曲ごま」、「鳴りごま」の次に「たたきごま」）。ポイントは、自然な展開になるように「形が似ているものは隣同士がいいよね」と言いながら提案することです。ただし、これだけでは「回る様子」と「回し方」という分類や順序性に気付くことは難しいと考えられます。

【ステップ2】

そこで、「『そんなことしたら、仲間分けが崩れます！』と筆者に怒られた」という、仮の状況設定を行うことで、「どんな仲間分けがされているのか」という点へ方向付けを行います。

△ 直接的な問い

「なぜ、事例はこの順序で説明されているのか？」

①導入

これまでに、「はじめ」「中」と学習してきた過程を振り返り、「今日はおわりについて考えようね」と自然に方向付けを行う。

②課題提示

学習課題は、「おわりの説明のいいところは？」。第８段落の三つの文を提示し、一つを選択させ、考えを書かせる。

授業展開 3年 こまを楽しむ

①導入

T 「はじめ」と「中」の説明のいいところを勉強してきました。**「はじめ」と「中」には、それぞれ何が書かれていましたか？**

C **「はじめ」には「問い」、「中」には「答え」がありました。**

②課題提示

T 今日は「おわり」の段落ですね。**「おわり」の説明でいいなと思うのは何文目ですか？**（選んだ文と考えをノートに記入）

③展開

T （人数を挙手で確認後）一文目から考えを発表してください。

C 一文目には、「このように」と書かれていて、「まとめ」だとすぐに分かります。あと、「中」の六つのこまを、「さまざまなしゅるいのこま」とまとめています。

C 二文目は、色や形が違うということと、つくりが同じということを言っているのがいいと思います。

C 三文目には、「くふう」という言葉があって、これは一段落にもある言葉だからいいと思う。あと、楽しみ方もまとめています。

想定される子どもの発言

● 「事例の順番を勝手に変えてはいけないと思います」

→このような発言の背景には、「筆者にもきちんと考えがあるのだから……」という意見が潜んでいる場合があります。「どうして？」と問い返すことで、そうした意見を引き出すことができれば、「実は、その通りで、筆者に怒られちゃってね」とつなげられます。

③展開

「もしも、形が似ているこまを隣同士にしたら？」とゆさぶる。「似ているものは隣同士の方が分かりやすいよね」など補助発問。

④まとめ

「『おわり』は、『はじめ』や『中』の説明と合っていることが分かりますね」など、本時の学習内容を整理する。

T 「はじめ」や「中」の段落とのつながりが見えますね。二文目のところで、「形が違う」という話がありました。形が似ているものは、隣同士がいいなと思うのですが、**もしも、形が似ているこまを隣同士にしたら、どうでしょうか？（二つのこまを移動）**

C 先生、勝手に順番を変えてはいけないと思います。

T うーん。実は、筆者の安藤正樹さんにも怒られちゃったの……。「髙橋先生、そんなことをしたら、仲間分けがくずれてしまいますよ」って。安藤さん、実は、前半の三つと後半の三つで仲間分けしていたみたいなんです。

C えっ、どんな仲間分けなのかな……。

C もしかして、⑧段落に書かれている**「回る様子」と「回し方」じゃないかな？**

C 前半は見たり聞いたり、「回る様子」を楽しむこまで、後半は、長く回したり、場所を工夫したりする「回し方」を楽しむこまだ。

④まとめ

T **仲間分けをしながら説明しているから、この順番だったのですね。**「おわり」には、「はじめ」や「中」と合っているところがたくさんありましたね。事例の順番もその一つですね。

ピックアップしたい発言

● **「後半の三つの事例の写真には、人が写っています」**

→前半と後半の事例に、何か違いがないかと必死で探す子どもの中には、教科書の写真の違いに気付く子がいるかもしれません。実はこの発言の通りで、「回し方」の事例の写真には、人が写っているのです。後半のこまには、人の力が必要だということが見えてくる発言です。

3年

すがたをかえる大豆

（光村図書）―――5/15時（第二次）

本時の目標

挙げられた事例の共通点を考え、筆者がどのような意図で事例を選択しているかについて解釈する。

もしも、
「この食品を事例に加えた方がいい」と筆者におすすめしたら、何と言われるかな？

［教材のポイント］

説明文における事例は、筆者によって意図的に選ばれ、取り上げられたものです。そしてその意図は、本文中の叙述や事例の共通点などを手がかりとすることで、解釈することができます。例えば、本教材では、「昔から」という言葉から、筆者が「昔から生産されているもの」を選択していることが読み取れるのです。また、読者にとって身近な食品であることも、事例選択のポイントと言えます。

「もしも発問」を生かした授業展開

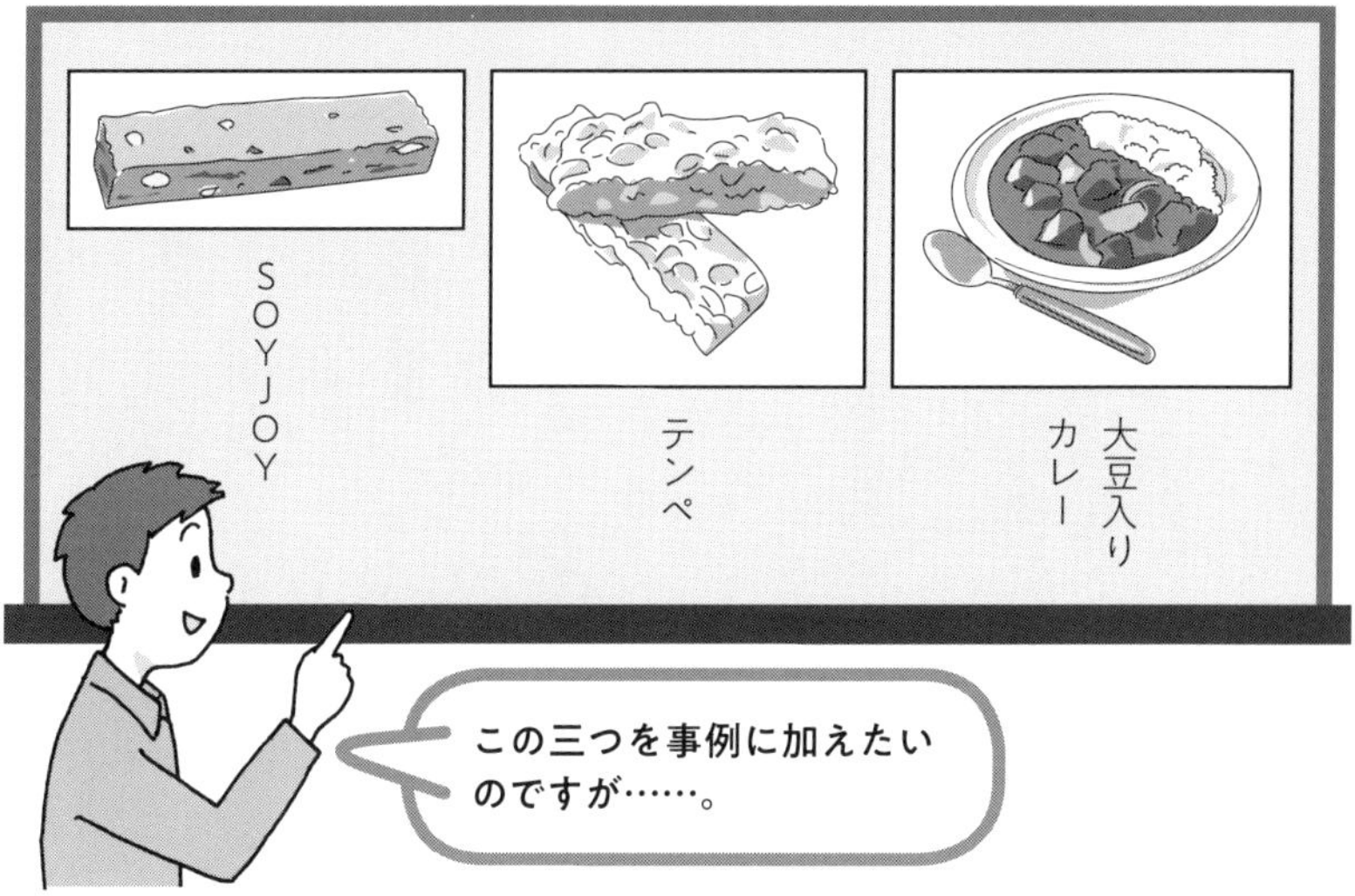
SOYJOY
テンペ
大豆入りカレー
この三つを事例に加えたいのですが……。

△ 直接的な問い

「筆者は、どのような基準で、紹介する事例を選んでいるのか？」

筆者の事例選択の意図に合わないと思われる三つの食品を、「もしも、これが事例だったら？」と仮定して提示します。

【ステップ1】

大豆入りカレー：大豆が入っただけの「料理」は、事例にはならないという意見を引き出します。

【ステップ2】

テンペ：読み手が知らない食品は、事例として相応しくないという意見を引き出します。

【ステップ3】

SOYJOY：叙述への着目を促し、事例には「昔から作られている」という共通点があるという意見を引き出します。

①導入

事例として紹介されている、9つの大豆食品を確認する。同時に、多くの事例が挙げられていることを共有する。

②課題提示

学習課題は、「加えてもいい事例の条件は？」。「大豆入りカレー」の例を示し、違和感を抱かせた上で課題を提示する。

授業展開　3年　すがたをかえる大豆

①導入

T　**どのような大豆食品が、事例として紹介されていますか？**

C　豆まきに使う豆、煮豆、きなこ、豆腐……（全九事例を挙げる）。

②課題提示

T　（事例を指しながら）教科書にも書かれている通り、大豆は「いろいろなすがたで食べられています」ね。（C　はい。）

T　ちょっと考えたんですが……。「こんなに多くの食べ方が」とも書かれていて、筆者は大豆が多くの食品に姿を変えているということが言いたいのですよね。**だとしたら、事例を増やした方がいいのではないかなと思ったのです。**（C　えっ、事例を増やす？）

T　うん、三つ考えてきました。**もしも、この食品を事例に加えた方がいいと筆者の国分さんにおすすめしたら、何と言われるかな？　一つ目は……「大豆入りカレー」です**（写真を提示する）。

C　先生、何でもかんでも、大豆であればいい訳ではないですよ。

T　なるほど。加えてもいい事例には条件があるのですね。では、**今日の学習課題は、「加えてもいい事例の条件は？」ですね。**

想定される子どもの発言

● **「大豆入りカレーは、大豆以外のものが入っているからダメです」**

→目の付けどころはいいが、おしい意見です。「大豆以外のものが入っている食品、九つの事例の中になかったかな……？」と問い返します。

● **「大豆入りカレーに入っている大豆は、煮てあるから煮豆と同じです。だから、事例に加えてもいいと思います」**

→筆者から断られるという仮の状況設定をして、その理由を考えさせます。

③展開

「料理ではなくて、大豆が中心か……。それなら、これはいいよね？」等の、子どもの発言を生かした補助発問がとても有効。

④まとめ

「大豆中心」「日本の身近な食品」「昔から作られている」という事例の選択の意図を整理した上で、適切な事例を考えさせる。

③展開

T 「大豆入りカレー」はどうしてダメなのですか？

C きっと、「料理だから、事例にはできません」と言われます。

C 他のものが入り過ぎていて、大豆が中心ではないからです。

T なるほど。それなら、これは大丈夫。料理ではなくて「大豆が中心」の食品……**「テンペ」です（写真提示）**。（C えー（笑））

T これは、インドネシアの食品で、作り方は……（説明する）。

C 「日本の食品」でないとダメ、と言われてしまいそうです。

T そうですか……。「大豆が中心」で、「日本の食品」ですね。それなら最後の一つは大丈夫かな……**「SOYJOY」です（写真提示）**。

C いやいや（笑）。確かに、大豆が中心で、日本のものですが……。

C 教科書に「昔の人々のちえに」と書かれています。だから、現代の食品は、だめです。「昔から作られている」ことも条件です。

④まとめ

T 「加えてもいい事例の条件」が見えてきましたね。**伝えたいことに合わせて、筆者が事例を選んでいるのですね。**条件を踏まえ、自分ならどんな事例を加えるか、考えをノートに書きましょう。

ピックアップしたい発言

- **「読んだ人が、『テンペって、何？』って思ってしまうと思います」**

→筆者の立場で、読み手のことを意識している発言です。「Aさんが言っている意味分かる？」と共有化を図ることで、「どの事例も読み手にとって、身近なものである」ということに気付かせることができます。

- **「『昔の人々のちえにおどろかされます』と書かれているので……」**

→本文の言葉に着目した発言は、積極的に価値付けるようにします。

ありの行列

（光村図書）

4/7時（第二次）

もしも、
「～です」で終わる文を「～でした」で終わる文に変えたとしたら？

本時の目標

「～ました」と「～です」という文末表現の違いに気付くとともに、過去の出来事を「現在形」で表すことによる効果を解釈する。

［教材のポイント］

文末が「～ました」のように過去形の文と、「～です」「～ます」の現在形の文があります。気を付けたいのは、前者（過去形）は、文章全体を通して「過去の出来事」を表す用法となっていますが、後者（現在形）は、第3段落では、「歴史的現在」の用法、それ以外の段落では、「一般的・習慣的・普遍的なこと」を表す用法となっていることです。本時では、過去のことでも現在形で表す「歴史的現在」を扱います。

「もしも発問」を生かした授業展開

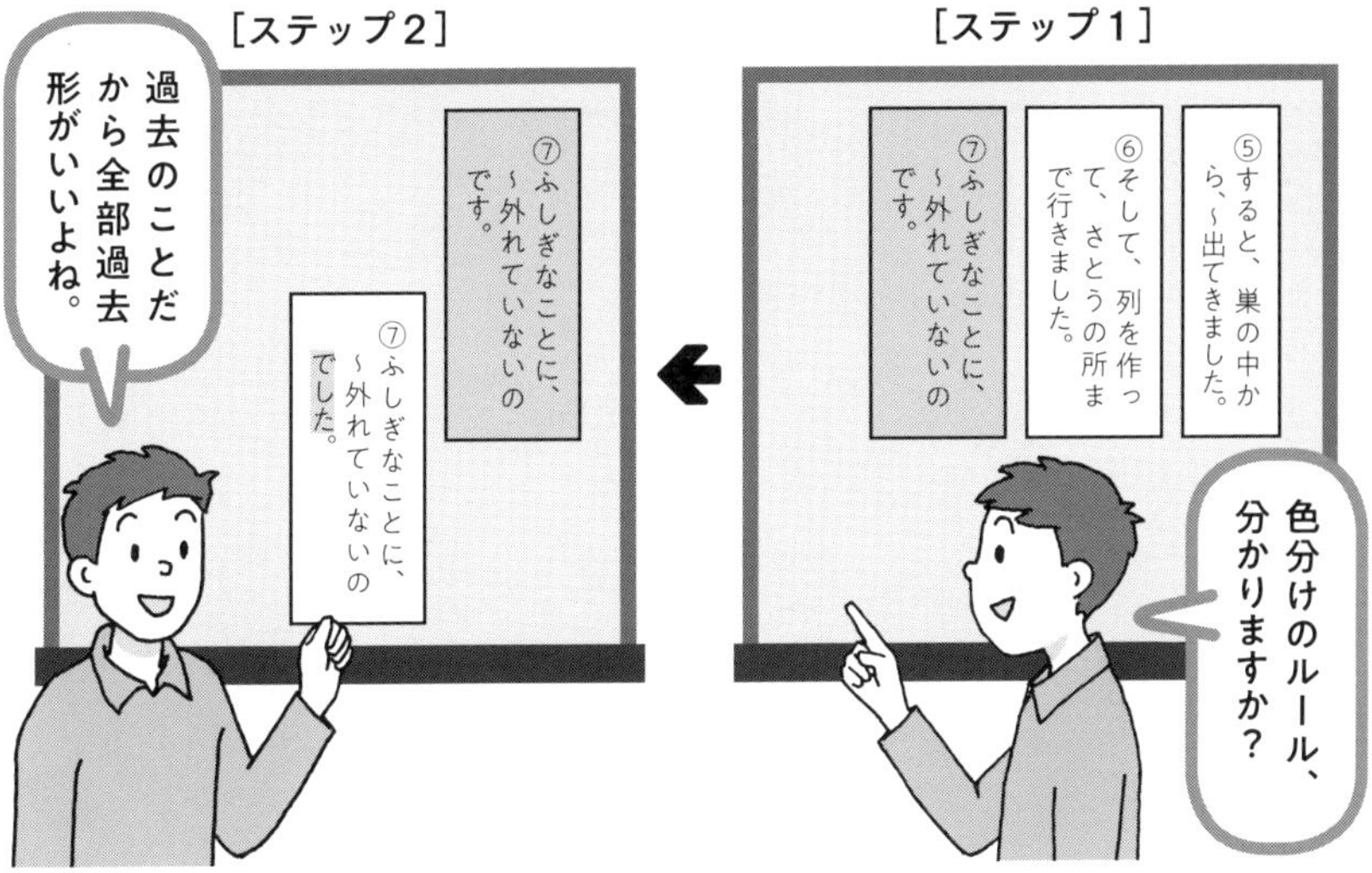
[ステップ1]
⑤すると、巣の中から、～出てきました。
⑥そして、列を作って、さとうの所まで行きました。
⑦ふしぎなことに、～外れていないのです。
色分けのルール、分かりますか？
[ステップ2]
⑦ふしぎなことに、～外れていないのです。
⑦ふしぎなことに、～外れていないのでした。
過去のことだから全部過去形がいいよね。

［ステップ1］
第三段落の七つの文を、「～ました」の文と「～です」の文とで、色分けをして提示することで、文末の違いに目が向くようにします。

［ステップ2］
「過去のことは、全部過去形がいいのでは？」とゆさぶり、問題意識をもたせ、現在形である効果を考えさせます。ただし、「単調になるのを防ぐ」のような意見は出るとしても、「歴史的現在」の効果（現在形で表すことで、今、実際に体験しているように感じる）に気付くことは難しいでしょう。そこで、「こういう効果があるらしいのだけど、意味分かる？」と教師から提示します。

△ 直接的な問い
「なぜ、過去の実験のときのことを説明しているのに、『～でした』になっていないのか？」

①導入

「色分けクイズをします」と、第３段落の文のカードを提示し、どんな基準で色分けがされているのかについて関心をもたせる。

②課題提示

学習課題は「どんな色分けかな？」。「したこと」「思ったこと」「言ったこと」など多様な観点の考えを引き出す。

授業展開

3年 ありの行列

①導入

T　**第３段落には、全部で七つの文があります。**一つずつ、カードにしてきました。

C　**赤いカードと、青いカードがあります。何が違うのかな……。**

②課題提示

T　赤いカードと青いカードがありますね。**実は、先生が仲間分けしてみたのですが、どんなふうに考えて分けたと思いますか？**

C　青は、ウイルソンや、ありが、「したこと」かなと思いました。

T　どの言葉から、そう思いましたか？

C　「おきました」とか、「見つけました」って書いてあるからです。

C　赤は、ウイルソンが、「言ったこと」、「思ったこと」かも……。

C　私も賛成です。「～しました」って書かれていないからです。

③展開

T　みんなが考えた通り、先生は、**「文の終わり方」に注目して、仲間分けしました。**「～ました」というのは、過去に起こったことを説明する時に使います。「過去形」と言います。「～です」と

さらなる教材分析

●「ありの行列」における文末表現については、様々な説（解釈）があります。例えば、過去形を「したこと」の文、現在形を「分かったこと」の説明とする考え方などです。また、本書では、第３段落の現在形の文を、二つとも、「歴史的現在」と解釈して授業案を提案していますが、実は、第三文については、「一般的・習慣的・普遍的なこと」を表す用法とも解釈することができます。

③展開

「もしも、全部過去形にしたら？」とゆさぶる。その後、「筆者の大滝さんにおすすめしたら、断られた」という状況を設定する。

④まとめ

現在形になっている効果を整理する。「歴史的現在」の効果については、教師から提示をした上で考えさせるようにしたい。

いうのは、色んな場合があるのですが、今、目の前で起きていることを言う時に使います。「現在形」と言います。

C　先生、全部、同じ時に起こったことなのに、どうして、現在形が混ざっているのですか？　筆者が間違えたのかな……。

T　確かに、赤も青も全部、過去のことだから、過去形の方がいいですよね。**もしも、全部、過去形にしたら、どうでしょうか？（カードを差し替えようとする）**（C　うーん……）

T　実は、筆者の大滝さんに、過去形にしたらどうですか？　って、おすすめしてみたの。そしたらね、断られちゃって……。

C　分かった。全部が過去形だと、ワンパターンだからですか？

T　なるほど。それも理由かもしれないね。大滝さんはね、**「過去のことでも、現在形にすることで、読んだ人が、実際に体験しているみたいに感じる効果があるんですよ」**って言っていたんだけど……。言っていること、みんな分かるかな？

C　その場で見ているような感じがする、ということだと思います。

④まとめ

T　ワンパターンにならないように、読む人が体験していると感じられるように、筆者は、文の終わりを工夫しているのですね。

想定される別の授業展開

●「現在形」が混ざっていることへの違和感を覚える子どもがいない場合

→あえて教師が、「青いカードの文は過去のこと、赤いカードは現在のことを書いた文なのですね」のように、「とぼける」ことで、子どもたちが問題意識をもつことができるようにします。

一つの花（光村図書）

3／7時（第二次）

もしも、題名が「一つの花」ではなくて、「一輪の花」だったとしたら？

本時の目標

題名になっている言葉や繰り返し用いられる言葉に着目することで、作品に込められた作者の思いを想像できることを理解する。

［本時のポイント］

作品に込められた作者の思いは、「主題」と言われます（本書では、主題は、読者が作品から感じ取ったものであるという立場をとっています）。また、「主題」は、作品中の様々な表現や、人物の変化などをもとに考えることができます。本時では、「題名」や「繰り返し出てくる言葉」に着目した話し合いをする中で、それらの言葉が、「主題」を捉える手がかりとなるということについて理解を促します。

「もしも発問」を生かした授業展開

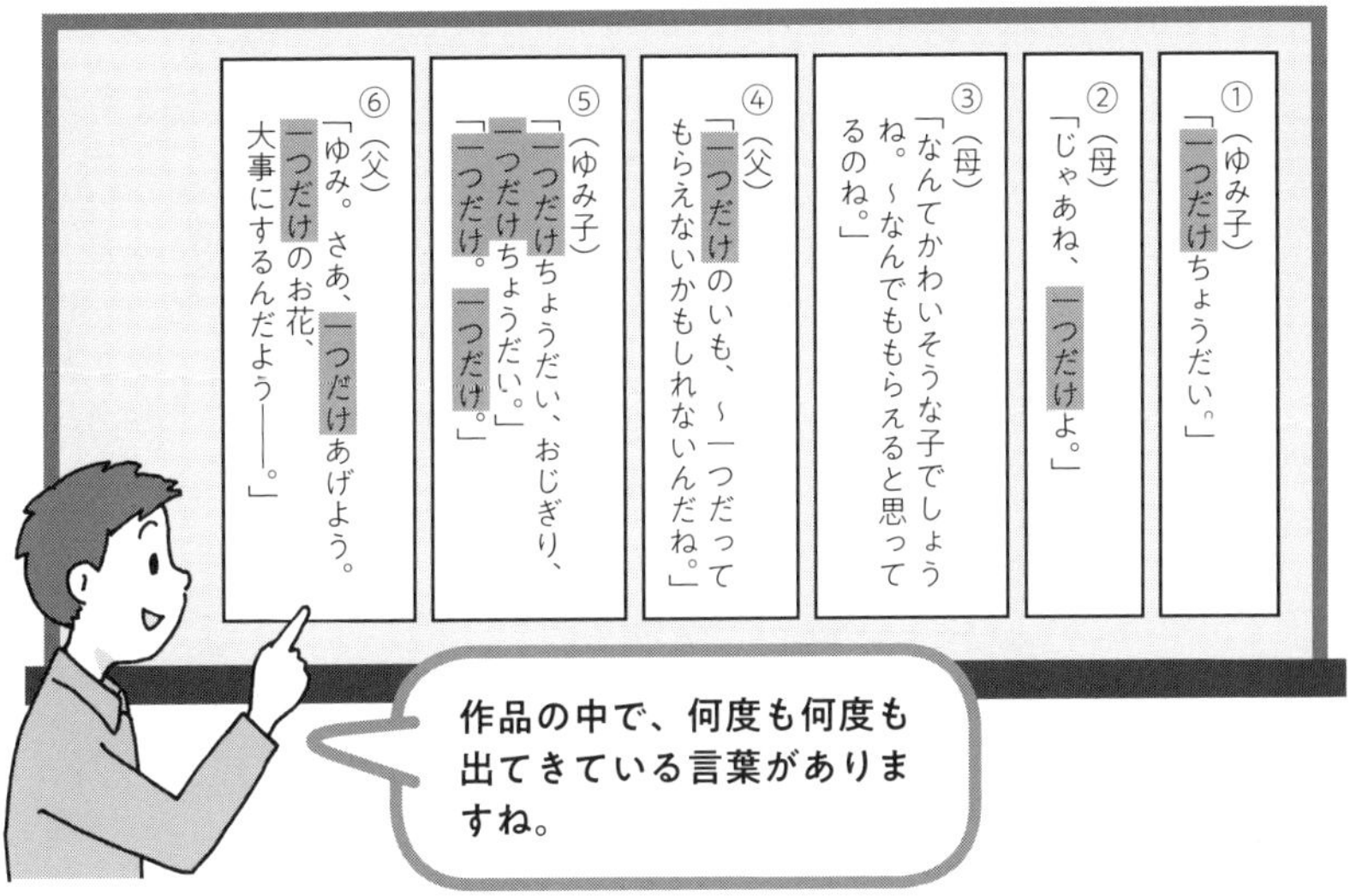
①（ゆみ子）「一つだけちょうだい。」
②（母）「じゃあね、一つだけよ。」
③（母）「なんてかわいそうな子でしょうね。～なんでももらえると思ってるのね。」
④（父）「一つだけのいも、～一つだってもらえないかもしれないんだね。」
⑤（ゆみ子）「一つだけちょうだい、おじぎり、一つだけちょうだい。」「一つだけ。一つだけ。」
⑥（父）「ゆみ。さあ、一つだけあげよう。一つだけのお花、大事にするんだよう――。」
作品の中で、何度も何度も出てきている言葉がありますね。

［ステップ1］

まず、授業の前半で、何度も繰り返される印象的な言葉、「一つだけ」を取り上げます。そして、その言葉に込められている様々な思いを共有します。

［ステップ2］

次に、題名への着目を促します。あえて、「普通、お花は、『一輪』って数えますよね」と言いながら、「題名は、『一輪の花』の方がいいのではないかな？」とゆさぶるのです。

子どもたちは、授業前半で考えたことを生かしながら、作者が「一つ」という言葉を題名に用いた理由について解釈を話し合います。それを作品に込められた思いとして抽象化します。

△ 直接的な問い

「作者は、どうして『一つの花』という題名にしたのか？」

①導入

何度も出てくる言葉は「一つだけ」であることを確認する。その上で、「一つだけ」が含まれる会話文を探すよう促す。

②課題提示

学習課題は、「特にプラス、特にマイナスに感じる『一つだけ』は？」。六つの中から、一つずつ選択し、交流する。

授業展開 4年 一つの花

①導入

T　**作品の中で、何度も何度も出てくる言葉があります。**お父さんやお母さんの会話文の中にも、共通している言葉があります。

C　分かりました。**「一つだけ」という言葉です。**

②課題提示

T　「一つだけ」という言葉が使われている会話文を見つけてもらいました。**「一つだけ」という言葉に、みなさんは、プラスイメージがありますか？　それともマイナスイメージですか？**

C　うーん、「あと一つしかない」だとマイナスイメージかな。

C　でも、「世界に一つだけの花」の場合は、プラスイメージです。

T　**作品に出てくる「一つだけ」の中で、特にプラス、特にマイナスに感じるものは、どれですか？**（ノートに記入後、人数を確認）

C　②のお母さんの「一つだけ」ではプラスです。愛情を感じます。

C　④はマイナスに感じます。

C　⑥は、プラスだと思います。「大事にするんだよう」に、お父さんの願いが込められている感じがします。

授業展開のアレンジ例

少し難しいかもしれませんが、「もしも、題名が『一つだけの花』だったら？」という発問を、「一輪の花」の議論の後で投げかけるという案もあります。なお、展開の中で、「普通、花は『一輪』と数えますね」と教師が発言していますが、花の数え方として、「一つ」も正しい数え方です。その点についても、授業の終末で、きちんと確認することが大切です。

③展開

「もしも題名が『一輪の花』だったら？」とゆさぶる。「お花は、普通は『一輪』って数えますよね」などと補助発問をする。

④まとめ

話し合いの内容を分類し、「作者が作品に込めた思い」として整理する。作者の思いを考える上で手がかりになる言葉も整理する。

③展開

T　繰り返し出てくる「一つだけ」という言葉に、色々な思いが込められていることが分かりました。大事な言葉ですね。作品の題名にも、「一つ」という言葉が入っています。でも普通、花は「一輪」と数えますね。「一輪」とした方がいいのではないでしょうか。

もしも、題名が「一輪の花」だったとしたら、どうでしょうか？

C　きっと、お父さんはゆみ子の言い方に合わせたんだと思います。

C　作者の今西さんは、「一つ」という言葉を、題名にも使いたかったのだと思います。大事な言葉だから。

C　「一つだけ」という言葉には、戦争の辛さなどのマイナスイメージや、愛情などのプラスイメージが含まれていました。

C　題名に「一つ」という言葉があると、お話の中の、お父さんやお母さん、ゆみ子のことが思い浮かんで、切なくなります。

④まとめ

T　**繰り返し出てくる言葉や、題名に着目すると、作者の思いが想像できますね。**

想定される子どもの発言

「⑤は、プラスだと思います」「いや、⑤は、マイナスイメージだと思います。お父さんとは、これでお別れになってしまうからです」

→意見が対立した場合、「見ているお母さんの気持ちは、マイナスかもしれないね」などと返し、「立場によって異なる」ということを整理します。プラスかマイナスかの決着をつけることが目的ではなく、「一つだけ」から想像できる様々な思いを共有することが目的だからです。

4年

ごんぎつね

（光村図書）

7／12時（第二次）

もしも、
最後の一文が、「青いけむりが、もくもくと上がっていました」だとしたら？

本時の目標

会話文や行動描写等のほかに、色彩や情景表現からも、登場人物の心情を考えることができることを理解することができる。

［教材のポイント］

「行動描写」や「会話文」、「心内語」などの既習事項に加え、人物の心情を読み取る新たな着眼点として、「情景描写」や「色彩語」を取り上げます。「情景描写」とは、人物の心情が投影されている「風景や場面の様子を表す描写」のことです。「色彩語」も同様で、人物の心情や場面の印象などと呼応していると捉えられる、色を表す言葉です。どちらも間接的で、読み手の想像をかきたてる表現です。

「もしも発問」を生かした授業展開

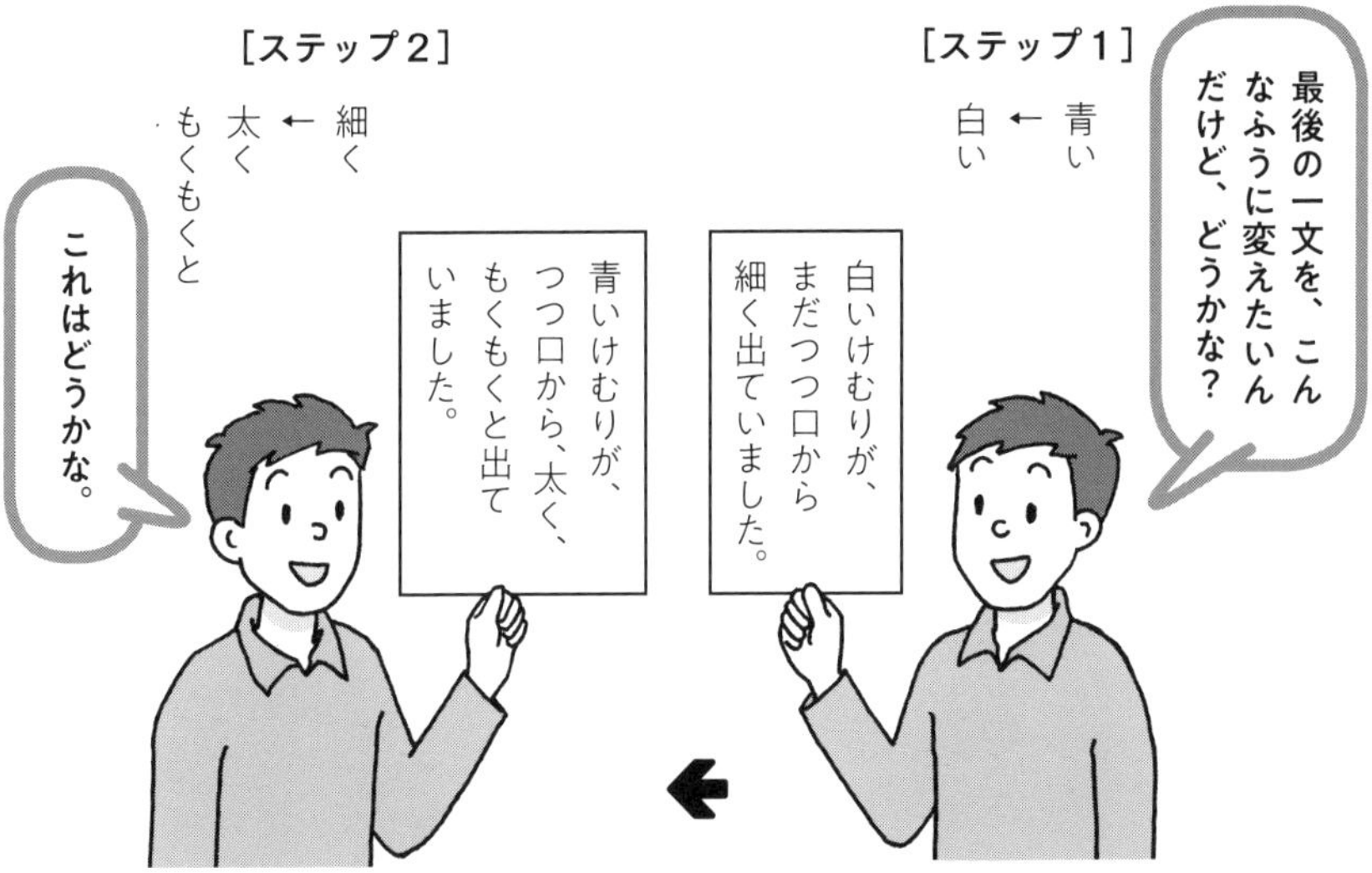
[ステップ1]
青い
↓
白い
最後の一文を、こんなふうに変えたいんだけど、どうかな？
白いけむりが、まだつつ口から細く出ていました。
[ステップ2]
細く
↓
太く もくもくと
青いけむりが、つつ口から、太く、もくもくと出ていました。
これはどうかな。

[ステップ1]

「もしも、最後の一文が、『白いけむりが、まだつつ口から細く出ていました。』だとしたら？」という発問で、まずは、「青い」という部分を「白い」と仮定し、色彩語への着眼を促します。「青」という色がもつ印象を話し合い、人物の心情との対応関係を確認します。

[ステップ2]

次に、「最後の一文が『青いけむりが、つつ口から、太く、もくもくと出ていました。』だったとしたら？」と、さらにゆさぶる発問をします。「細く」という言葉への着目を促し、この一文が、どのようなことを表していると思うか、それぞれの解釈を話し合います。

△ 直接的な問い

「なぜ、『青いけむり』なのか？」「最後の一文は、何を表現しているのか？」

①導入

６場面の内容を確認後、「いい場面だね」と、違和感のある感想を述べることで、「悲しい場面」などの言葉を引き出す。

②課題提示

学習課題は、「６場面の中で、いちばん悲しいところは？」。文のカードを提示し、一つを選択させ、理由を書かせる。

授業展開

4年 ごんぎつね

①導入

Ｔ　**今日は、６場面を学習します。**大体の内容が分かるように、センテンスカードにしてきました。（音読後）ごんが栗や松茸を持って行っていたということが、最後の最後で兵十に伝わって、本当によかったですよね。**この場面は、とても嬉しい場面ですね。**

Ｃ　えっ……。嬉しい場面かな。**悲しい場面だと思います。**

②課題提示

Ｔ　**では、６場面の中で、いちばん悲しいところはどこでしょうか？**

（選んだカードの番号と理由をノートに記入）

③展開

Ｔ　（人数を挙手で確認後）選んだところが、人によって違うようですね。**選んだ理由を教えてくれる人いますか？**

Ｃ　ごんが、ぐったりと目をつぶったまま、うなずいたところです。やっと分かってもらえたのに、もう手遅れで悲しい。

Ｃ　「兵十は、火なわじゅうをばたりと取り落としました」のところです。兵十は、驚きと悲しみで、思わず銃を落としたと思う。

想定される子どもの発言

●「どんな煙でも、煙には変わりないから、先生の文でも別にいいと思います」

→教師の提案に賛同する子どもがいる場合、「よい」・「よくない」の二項対立が生まれるのは避けるようにします。あくまでも、作品の叙述が「青い」「細く」になっていることの効果を考え合うのが目的だからです。

③展開

「もしも、最後の一文が、『白いけむりが……』だったら？」とゆさぶる。「煙が出ていることが伝わればいいよね」など補助発問。

④まとめ

「行動描写、会話文だけでなく、色や情景からも、人物の気持ちを考えることができる」など、本時の学習内容を整理する。

T　最後の一文を選んだ人は、いないですね。今日の話し合いには、この一文は関係なかったようですね。だとしたら、**もしも、この文が、「白いけむりが、まだつつ口から細く出ていました。」だったとしても、問題ないですよね？**

C　いや、ここは、「青い」の方がいいと思います。青色だからこそ、悲しい感じがする。

T　なるほど。**では、「青い」はそのままで、この一文ならどうでしょうか？「青いけむりが、つつ口から、太く、もくもくと出ていました。」**

C　ちょっと、おかしいと思います。「細く」の方が、場面に合っている感じがします。

C　兵十の悲しい気持ちと、合っていないと思います。

C　「細く」というところに、ごんが、死んでしまいそうという感じが表れているのではないかな……。

④まとめ

T　今日の学習では、登場人物の気持ちを考えるときの、新しい目の付け所を見つけました。**色を表す「色彩語」や、景色や様子を表す「情景描写」からも、気持ちを考えることができるのですね。**

想定される別の授業展開

●学習課題に対して、最後の一文を選択した子どもがいる場合。

→ほかの選択肢には、「行動描写」や「会話文」が含まれていることを確認した上で、「最後の一文は、単に景色の表現だから、変えても問題ないですよね？」と発問します。その上で最後の一文を選んだ子どもに発言を促します。

プラタナスの木

（光村図書）

5／8時（第二次）

本時の目標

解釈を仮定して話し合う活動を通して、複数の場面の叙述を結び付けて考え、「伏線」について理解する。

もしも、
「おじいさん」が
「木の精」だと考えると、
納得がいくところは？

［本時のポイント］

ここで取り上げている「伏線」とは、明確には書かれていないものの、「もしかしたら、そうなのかもしれない」と考えられるような文学作品特有の「ほのめかし」表現です。教科書教材においても、「白いぼうし」の「おかっぱのかわいい女の子」は、「もんしろちょう」なのではないかという解釈は有名です。本時では、あえて解釈を仮定することで、「伏線」に着目することを促しています。

料金受取人払郵便

本郷局
承認

3601

差出有効期間
2022年２月
28日まで

郵便はがき

1 1 3 8 7 9 0

東京都文京区本駒込5丁目
16番7号

東洋館出版社
営業部 読者カード係 行

ご芳名	
メールアドレス	@ ※弊社よりお得な新刊情報をお送りします。案内不要、既にメールアドレス登録済の方は右記にチェックして下さい。□
年　齢	①10代　②20代　③30代　④40代　⑤50代　⑥60代　⑦70代～
性　別	男　・　女
勤務先	①幼稚園・保育所　②小学校　③中学校　④高校 ⑤大学　⑥教育委員会　⑦その他（　　　　）
役　職	①教諭　②主任・主幹教諭　③教頭・副校長　④校長 ⑤指導主事　⑥学生　⑦大学職員　⑧その他（　　　　）
お買い求め書店	

■ご記入いただいた個人情報は、当社の出版・企画の参考及び新刊等のご案内のために活用させていただくものです。第三者には一切開示いたしません。

Q　ご購入いただいた書名をご記入ください

（書名）

Q　本書をご購入いただいた決め手は何ですか（1つ選択）

①勉強になる　②仕事に使える　③気楽に読める　④新聞・雑誌等の紹介
⑤価格が安い　⑥知人からの薦め　⑦内容が面白そう　⑧その他（　　　　　）

Q　本書へのご感想をお聞かせください（数字に○をつけてください）

4：たいへん良い　3：良い　2：あまり良くない　1：悪い

本書全体の印象	4—3—2—1	内容の程度/レベル	4—3—2—1
本書の内容の質	4—3—2—1	仕事への実用度	4—3—2—1
内容のわかりやすさ	4—3—2—1	本書の使い勝手	4—3—2—1
文章の読みやすさ	4—3—2—1	本書の装丁	4—3—2—1

Q　本書へのご意見・ご感想を具体的にご記入ください。

Q　電子書籍の教育書を購入したことがありますか?

Q　業務でスマートフォンを使用しますか?

Q　弊社へのご意見ご要望をご記入ください。

ご協力ありがとうございました。頂きましたご意見・ご感想などをSNS、広告、宣伝等に使用させて頂く事がありますが、その場合は必ず匿名とし、お名前等個人情報を公開いたしません。ご了承下さい。

「もしも発問」を生かした授業展開

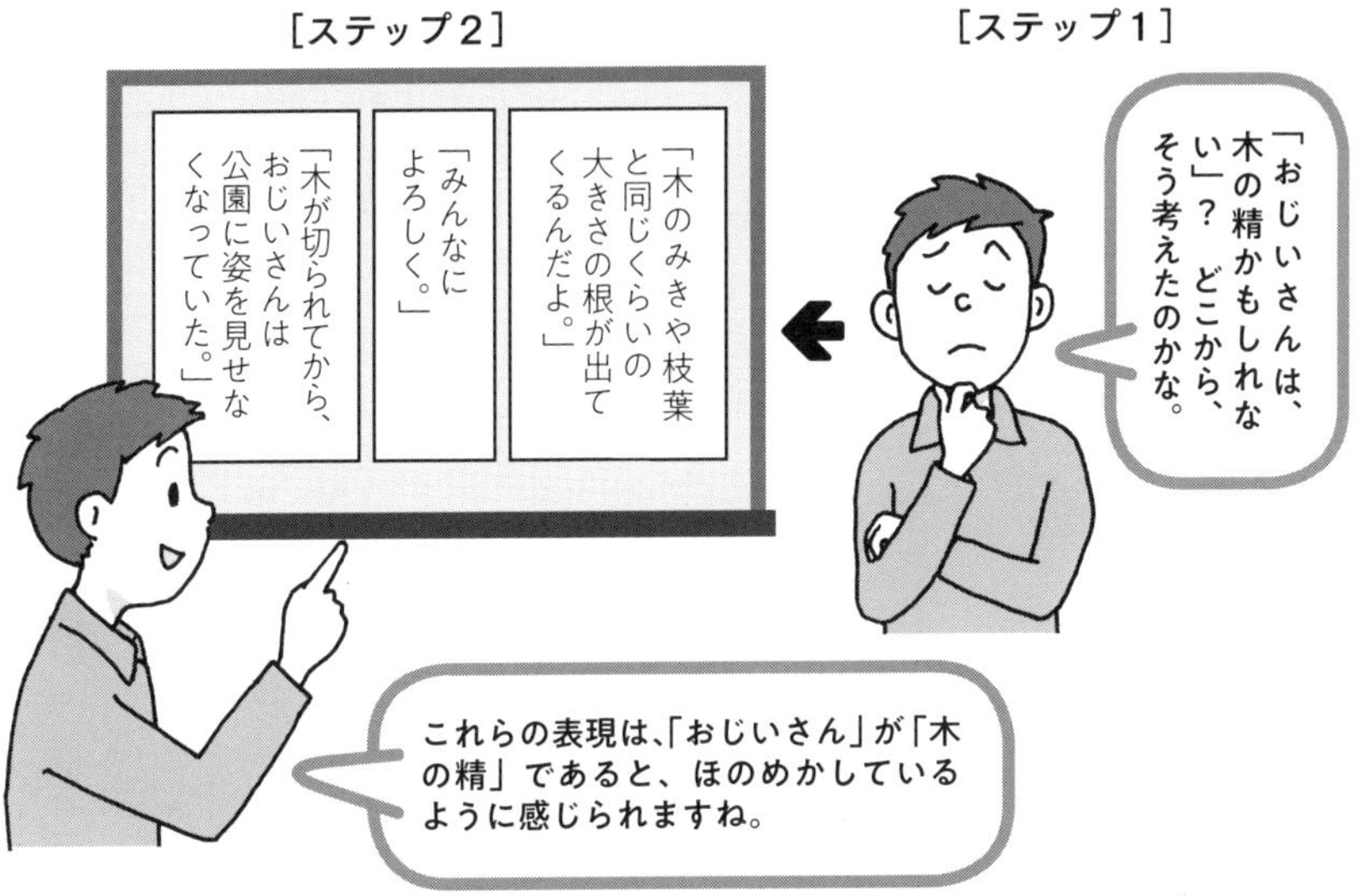
[ステップ1]
「おじいさんは、木の精かもしれない」？ どこから、そう考えたのかな。
[ステップ2]
「木のみきや枝葉と同じくらいの大きさの根が出てくるんだよ。」
「みんなによろしく。」
「木が切られてから、おじいさんは公園に姿を見せなくなっていた。」
これらの表現は、「おじいさん」が「木の精」であると、ほのめかしているように感じられますね。

【ステップ1】

まず、本時で着目させたい解釈を引き出すために、第五場面のいいところについて、考えを交流します。

【ステップ2】

次に、子どもから出された「おじいさんは、木の精かもしれない」という解釈を取り上げ、読み手としてどう感じるかと問います。恐らく、多くの子どもが、「決定的な根拠はないが、そう感じるのもよく分かる」という反応を示すことが予想されます。そこで、「もしも、おじいさんが木の精だと考えると……」と解釈を仮定し、作品中から、そう捉えられる表現を挙げる活動へと移ります。こうした展開を経ることで、「伏線」という表現技法を、実感的に理解できると考えます。

△ 直接的な問い

「この表現は、どういう意味なのか？」

①導入

前時までの学習を振り返り、本時は最終場面である第五場面を学習することを伝える。音読などで学びの雰囲気をつくる。

②課題提示

学習課題は、「第五場面のいいところは？」。この場面の中で、特にいいなと思った段落を選ばせると交流がしやすい。

授業展開

4年 プラタナスの木

①導入

T　前の時間、第三、四場面を学習しました。**今日は第五場面です。**

C　いよいよ最後の場面ですね。

②課題提示

T　学習課題はこれまでと同じく、**「この場面の『いいところ』はどこか？」です。段落を一つ選んで、ノートに考えを書きましょう。**

C　私は、一つ目の段落です。「みんなが何を考えているのかは分かる」というところ。何を考えているのか、想像したくなります。

C　三つ目の段落で、みんなで切り株に乗っているところがいいなと思いました。

C　私は、五つ目の段落の「そうすれば、きっとまた、おじいさんにも会える」というところがいいと思いました。

C　同じです。**たぶん、「マーちん」たちは、「おじいさん」は、プラタナスの木の精みたいなものだと思っているのではないかな。**春に芽が出たら、「おじいさん」にも会えるって考えているから。

想定される別の授業展開

●おじいさんを木の精だと捉えるような発言が出ない場合

上記の場合には、「先生はちょっと不思議なところがあってね。五つ目の段落の、春になって、プラタナスが芽を出したら、きっとまたおじいさんに会えるっていうところなんだけど……。どうしてマーちんは、そう思ったのかが不思議です」と教師から投げかけ、子どもたちが「おじいさん」と木との関係を考えるきっかけをつくります。

③展開

子どもの意見をもとに、仮に「おじいさん」を「木の精」のようなものだと考える。そうすると納得できるところについて話し合う。

④まとめ

はっきりとではなく、ぼんやりと「そうかもしれない」とほのめかす部分のことを「伏線」ということを確認する。

③展開

T　マーちんたちが、「おじいさんは、プラタナスの木の精みたいなものだと思っている」という考えが出されました。皆さんは、読者として、どう思いますか？

C　そう思うような気もするし、違うような気もするし……。

T　**もしも、「おじいさん」が「木の精」だと考えると、納得がいくところ、「木の精」のように感じるところはどこでしょう。**

C　この第五場面の、「木が切られてから、おじいさんは公園に姿を見せなくなっていた」の部分です。

C　第三場面の、「おじいさん」の会話文です。「みんなによろしく」という言葉です。「みんな」＝「木」だと考えられます。

C　どの場面という訳ではないのだけれど、「おじいさん」が、いつも木の下のベンチに座っていることも、そうかな。

C　第二場面で、見ても分からない、根の話をしているところです。

④まとめ

T　「おじいさん」が木の精なのかどうかには、答えはありません。でも、**確かに、そう思ってしまうような部分が、文章の中にいくつもあって面白いですね。このような表現を、伏線と言います。**

想定される子どもの発言

「おじいさん」が「木の精」だと考えると納得がいく部分についての話し合いの中で、第三場面の、「最初ははっきりしていたおじいさんのえがおが、しだいにぼんやりとしていく。」という叙述を挙げる子どもがいるかもしれません。この部分は、「おじいさん」自身の言動ではないのですが、捉え方次第では、「台風の中で、プラタナスの木が倒れかかっていることを暗示している」とも考えられます。

思いやりのデザイン

（光村図書）

2／8時（第二次）

本時の目標

読み手が知らないと考えられることを話題にする場合、文章の冒頭で言葉の「定義」をする必要があることを理解する。

［本時のポイント］

第三学年までの説明文教材は、子どもにとって身近な題材を扱ったものが多くありました。第四学年以降は、逆に、身近でない題材が増えてきます。そうした教材では、冒頭で、題材についての解説や定義が行われます。本教材においても、第一段落に、「インフォグラフィックス」についての定義が書かれています。本時では、このような、題材に応じて必要となる説明の工夫について理解を促しています。

「もしも発問」を生かした授業展開

［ステップ1］
大切な段落は、どれでしょうか？
［ステップ2］
始め
①段落本文
②段落本文
第一段落には、筆者の考えが書かれていないので必要ありませんよね？

【ステップ1】

第一段落以外の段落への着目を促すために、「一番大切な段落は？」と問います。多くの子どもたちは、「筆者の考え」が書かれている段落に着目すると予想されるからです。少数の子どもが、事例の部分である第三、四段落に着目することも想定できます。

【ステップ2】

そこで、子どもたちが「大切な段落」として選ばなかったことを理由に、「もしも、第一段落がなかったとしても、問題ないですね」とゆさぶります。そうすることで、第一段落の役割に目が向けられ、言葉の定義をしている大切な段落であると気が付くことができるのです。

△ 直接的な問い

「第一段落には、どんな役割がありますか？」

①導入

写真を提示しながら、「思いやりのデザインはどちらか？」と問い、「インフォグラフィックス」の定義を意識させる。

②課題提示

学習課題は、「一番大切だと思う段落は？」。交流を通して、筆者の考えが書かれている段落や、事例の段落を捉える。

授業展開

4年 思いやりのデザイン

①導入

T　**学校にある表示として、思いやりのデザインは、どちらですか？（A：「トイレ」と言葉のみで書かれた看板　B：「トイレ」という言葉と、男子トイレ・女子トイレを表すマークが描かれた看板）**

C　Bです。片仮名が読めない入学したての一年生の子が見たら、Aでは分かりません。Bだったら、マークを見れば分かります。

②課題提示

T　実は、この説明文の勉強は、一時間で終わらせなければなりません。だから、大切なところを中心に勉強を進めようと思います。**この説明文の五つの段落の中で、一番大切だと思う段落は、どの段落ですか？　ノートに段落の番号と理由を書きましょう。**

C　先生、一つだけですか？

T　では、二つセットで選んでもいいことにします。

C　私は、③と④のセットです。例がないと分からないからです。

C　⑤段落です。題名になっている「思いやりのデザイン」という言葉が入っているし、筆者が一番伝えたいことだと思うからです。

ピックアップしたい発言

●**「第二段落と第五段落には、両方とも『大切』という言葉が入っています」**

二つの段落の共通点に目を向けることができている発言です。このような発言を取り上げ、「ほかにも似ているところはあるかな？」と、二つの段落を比べる活動を行うことで、両方の段落に「筆者の考え」が書かれていることに気付かせることができます。

③展開

「①段落がなくても問題ないですね？」とゆさぶる。実際に②段落から音読し、「やはりなくても大丈夫そうですね」等と補助発問。

④まとめ

①段落には、「インフォグラフィックス」とは何かを伝える働きがあることを確認し、「定義」という用語を伝える。

C　②と⑤のセットにしました。両方とも、「大切」という言葉が書かれています。

T　②段落と⑤段落は書かれていることが、かなり似ていますね。

（黒板の全文掲示を移動し、二つの段落を隣同士にする）

C　「相手の立場」、「見る人の立場」「相手の目的」など、相手のことを思いやることが大切だと、筆者は言いたいのだと思います。

③展開

T　意見を整理すると、皆が大切だと思う段落は、②③④⑤段落ですね。だとすると、**①段落は、もしも、なかったとしても、問題ないですね**。実際、①段落なしで読んでみても大丈夫そうですね。

C　いや、①段落は必要です。もし、①段落がないと、「インフォグラフィックス」が何なのかが分かりません。

C　うん、いきなり②段落で、「インフォグラフィックスを作るときに大切にしていることが……」と言われても、困ってしまいます。

C　皆が知らない言葉は、最初に説明が必要だと思います。

④まとめ

T　**「○○を◇◇といいます」のような説明を「定義」と言います**。①段落は、「インフォグラフィックス」の「定義」の段落ですね。

次時以降の授業内容例

第二段落の「わたしには、～考えるということです。」という部分は、第五段落に書かれていることと同じような内容であると言えます。その点に着目を促した上で「同じようなことを二回書く必要はないから、どちらかは不要ですね」とゆさぶる展開も考えられます。「二度書かれていることで強調される」などの効果に気付かせた上で、「双括型」の文章構成を押さえる展開です。

4年

アップとルーズで伝える（光村図書）

4／8時（第二次）

もしも、「サッカー」ではなくて、ほかのスポーツが取り上げられていたとしたら？

本時の目標

「アップ」と「ルーズ」の違いについて説明する上で、「サッカー」を話題として選択した筆者の意図について、自分なりに解釈する。

【教材のポイント】

「アップ」と「ルーズ」の違いを説明し、「伝えたいことに合わせて選択する必要がある」ということを主張するのが、この文章の目的です。「サッカーの試合」は、その説明や主張をする上での一つの具体例に過ぎず、実は、ほかのことを取り上げてもよいはずです（例えば、水泳。スポーツ以外でもよい）。読み手に身近な「サッカー」を話題にすることで、理解しやすくしようという筆者の意図が解釈できます。

「もしも発問」を生かした授業展開

A　テレビでサッカーの試合を放送しています。
B　画面には、～うつし出されています
C　画面は、～うつし出しました。
D　初めの画面のように、～「ルーズ」といいます。
E　次の画面のように、～「アップ」といいます。
F　アップとルーズでは、どんなちがいがあるのでしょうか。
サッカーではなくて、野球やフットサルでもいいよね？
A　テレビで野球の試合を放送しています。
A　テレビでフットサルの試合を放送しています。

［ステップ1］

まず、「サッカーではなく、野球でもいいのでは？」と問います。この発問は、仮に別のことが話題となっていても、実は問題がないということを確認することが目的です。しかし、このとき、文章の細部に着目し、「ボールを蹴るスポーツでないと合わない」という発言が予想されます。

［ステップ2］

そこで、「では、もしも、フットサルだったら？」と提案します。ボールを蹴るという条件を揃えることで、「なぜあえてサッカーなのか？」という点に、子どもの思考を焦点化していくことができます。

△ 直接的な問い

「なぜ、サッカーが話題として選ばれているのか？」

①導入

第二次の最初の時間。楽しい活動で、説明内容への意欲を高めたい。本時の指導内容の「定義」にも関わる活動である。

②課題提示

①から③の段落の中から「重要だと思う段落」を選択させる。理由を交流する中で、説明内容や既習事項を確認する。

授業展開

4年 アップとルーズで伝える

①導入

T **スクリーンに写真を映します。何の写真でしょうか？**

C 大きすぎて、何の写真かが分かりません……。

T **もっと「アップ」で見たい？ それとも、「ルーズ」で見たい？**

C ルーズで見たいです。

②課題提示

T 今日は、①～③段落を学習します。まず、どんな内容だったか、確認しましょう（6枚のセンテンスカードを貼る）。

T **今日学習する三つの段落の中で、この説明文にとっていちばん重要な段落は、どれかな？（選んだ段落と理由をノートに記入）**

③展開

T （人数を挙手で確認後）多くの人が、③段落を選んでいますね。選んだ理由を教えてくれる人いますか？

C ③段落には、「問い」があるので、重要です。

C あと、「アップ」と「ルーズ」の説明があるから重要。

T こういう、**ものごとの説明のことを、「定義」と言います。**

想定される子どもの発言

● **「野球は、蹴るスポーツではないから、合わないと思います」**

→文章の細部まで、きちんと読んでいるからこその発言です。その子の発言を価値付け、思いを共有した上で、次の「フットサル」の提示を行います。「確かに野球は変だね」と、一度子どもの意見を取り入れた上での、再度の「フットサル」のゆさぶりはとても効果的です。

③展開

「もしも、ほかのスポーツだったとしたら？」とゆさぶる。「話題提示」の一文への着目を自然に促すのがポイント。

④まとめ

筆者の気持ちを考えることを通して、「読み手に身近な話題」、「多くの人が理解しやすい話題」など、話題選択の意図を解釈する。

③段落以外は、あまり重要ではないのでしょうか？

C　BとDは、「アップ」と「ルーズ」の具体例なので大切です。

T　Aのカードは、あまり重要ではなさそうですね。**この部分、もしも「サッカー」ではなくて、「野球」だったら、どうですか？**

C　ボールを蹴るスポーツでないと、合わないと思います。

T　**では、「フットサル」だったとしたら？**

C　それなら、一応合うけれど……なんか変です。

④まとめ

T　**「フットサル」でもいいはずなのに、あえて「サッカー」にした筆者の気持ちは……？**

C　たぶん、サッカーの方が人気があるからです。

C　フットサルは知らない人が多いからかな。

T　なるほど。人気があって、知っている人が多いスポーツの方が、よい？

C　読む人にとって、知っているスポーツの方が、分かりやすいと思います。

T　**筆者は、読む人が分かりやすい「話題」を選んでいるのですね。**

ピックアップしたい発言

● **「フットサルでも、一応合うんだけれど……」**

→文章の内容としては「フットサル」でも問題ないということに、気付いている発言です。まずは、そのことを全員で共有します。

● **「フットサルって、あまり知らない……」**

→逆に、サッカーは知っているということが分かる発言です。本時のねらいである「話題選択の意図」の解釈につながります。

ウナギのなぞを追って

（光村図書）

4／8時（第二次）

もしも、
「～かもしれない」のような予想や仮説の文がなかったとしたら？

本時の目標

予想や仮説を表す文末表現を理解するとともに、説明文において、事実だけでなく、予想や仮説を述べることによる効果を解釈する。

［教材のポイント］

「事実」と「意見」とを読み分ける上で、「文末表現」が手がかりになります。説明文の授業では、このことを繰り返し指導し、様々な文末表現のパターンを教えるべきだと考えています。本教材で特徴的なのは、「～はずです」や「～ようなのです」などの文末表現です。これらは、その文が、「意見」の中でも、「予想」や「仮説」であることを表すものです。仮説検証型の本教材ならではの指導内容と言えます。

「もしも発問」を生かした授業展開

この二文は必要でしょうか？
Aレプトセファルスは
～形をしています。
B最初にとれたのは、
～台湾の近くの海でした。
C一九九一年、
～約千びきとることができたのです。
D海山が何かの役に立っているの**かもしれない**
E新月のころに合わせて、いっせいにたまごを産んでいる**ようなのです。**
F二〇〇五年六月七日、
～見つけることができました。

［ステップ1］

六つの文（「事実」の文が四つと「予想・仮説」の文が二つ）を提示し、「仲間はずれはどれ？」と問います。文を比べる活動を通して、自然に文末の違いへと目が向くようにします。ここでは、「予想」や「仮説」を述べる場合の文末表現を確認するのが目的です。

［ステップ2］

「説明文なのだから、分かっていることだけを説明すればいいのでは？」とゆさぶり、「予想」や「仮説」が書かれていることへの問題意識をもたせます。「予想」や「仮説」が書かれていない場合を仮定することで、書かれていることによる効果が見えやすくなります。

△ 直接的な問い

「なぜ、確実に分かっていることだけでなく、予想や仮説も書かれているのだろう？」

①導入

五つの文のカードを提示しながら、「一枚だけ仲間外れがあります」と伝え、文同士を比べることへの意欲を引き出す。

②課題提示

学習課題は「どれが仲間はずれかな？」。「予想」や「仮説」を述べる場合の文末表現について確認する。

授業展開

4年 ウナギのなぞを追って

①導入

T　黒板に貼ったカードは、第4～10段落に書かれている文です。少し短くしているものもあります。**実はこれらは、「くじ」になっていて、裏返して赤が出ると「当たり」です。二枚、仲間はずれがあって、そのカードは、裏が青色になっています。**

②課題提示

T　では、くじを引いてみたい人？（C　数名がカードを裏返す）

T　**（青いカードが二枚出た時点で）実は、これらのカードが仲間はずれでした。その理由が分かりますか？**

C　その二枚のカードは、自信がないように感じます。「～かもしれない」、「～ようなのです」と書かれているからだと思います。

T　そう。自信がないように感じるこれらのカードを仲間はずれにしました。「ようなのです」ではなく、自信をもって、「います」と言い切ればいいのにね……。

C　いや、この時点では、まだ予想で、分からないからだめです。

T　**「まだ分からないこと」、「予想」、「もしかすると、～かもしれ**

全員参加を促すために

- 「くじ引き」の活動では、ペアでの話し合い活動を取り入れることで、多くの子どもに思考する機会を与えることができます。例えば、以下のようなタイミングと内容で行います。
- ・ある子が選んだカードを裏返す前に、「裏は何色だと思うか？」
- ・青いカードが一枚出た時点で、「あと一枚の青カードはどれか？」
- ・青いカードが二枚出た時点で、「どんなカードが青いカードか？」

③展開

「もしも、予想や仮説がなかったら？」とゆさぶる。「説明文だから、確実に分かっていることを伝えればいいよね」と補助発問。

④まとめ

「予想」や「仮説」が書かれていることによる効果を整理する。要約する際にも「予想」や「仮説」を含めるべきか、考えさせる。

ない」という「仮説」を表す場合の「文の終わり方」なのですね。ほかに、「予想」や「仮説」だと分かる文の終わり方はありますか？

C 「〜はずです」も予想を表す文の終わり方だと思います。

③展開

T この説明文には、「予想」や「仮説」が多く書かれていることが分かってきました。ただ、この文章は、説明文だから、確実に分かっていることや結果を伝えればいいのでは？ **もしも、「予想」や「仮説」が書かれていなかったとしたら、どうでしょうか。**

C 分かっていることや、結果だけだと、面白くないです。

C 題名が、ウナギのなぞを「追って」だから、どうやって追ったのかというところが知りたいです。

C 説明文だからと言って、結果だけではだめ。どんなふうに予想して、どうやって結果を出したのかも書いてないと納得できない。

④まとめ

T **結果だけでなく、「どのように結果にたどりついたのか」が書かれていると読み手はより納得できるのですね。** それに、「仮説」や「予想」が書かれていると、読んでいてワクワクしますね。

単元の目標と本時との関わり

本単元では、「きょうみをもったことを中心に、しょうかいしよう」という単元名にもあるように、最終的には自分の興味に応じて、要約することが目標になっています。そのため、「要約にも、『仮説』や『予想』を入れた方がいいかな？」などと問いかけることで、本時の学習内容と要約との関連付けを図ることが大切です。

5年

なまえつけてよ（光村図書）

3／4時（第二次）

もしも、
折り紙に書かれていたのが、「げんきだせよ」だったとしたら？

本時の目標

題名になっている言葉は作品にとって特別な言葉であり、心情や関係が変化する場面など重要な場面で用いられることを理解する。

［本時のポイント］

文学的な文章においては、作品において重要な役割を果たすものの名前が「題名」となっている場合や、「題名」が作品の主題を表す場合などがあります。「一つの花」では、作品に込められた思いを考える際の着眼点として「題名」を扱いました。本教材の「題名」は、人物の心情や見方が変化する場面で用いられている言葉です。人物の変化を捉える上での一つの着眼点としての「題名」を押さえます。

「もしも発問」を生かした授業展開

[ステップ1]
「春花」の「勇太」への見方の変化は、何がきっかけだろう？
－
＋
「なによ、その態度。」
ありがとう。
[ステップ2]
「げんきだせよ。」と書かれていた方が、嬉しいですよね？
次の日。～ひっくり返してみると、ペンで何か書いてある。なまえつけてよ。～ありがとう。春花は、心の中でつぶやいた。
げんきだせよ。

[ステップ1]

三日目の場面における「春花」の「勇太」への見方が変化した部分について話し合います。その話し合いの中で、「なまえつけてよ。」と折り紙に書かれていたことへの着目を促し、次の展開につなぎます。

[ステップ2]

折り紙に書いてあった言葉を「げんきだせよ」だと仮定して、ゆさぶります。「このほうが嬉しいし、元気出ますよね」などの補助発問も有効です。

「なまえつけてよ」という言葉であることのよさについて考えを伝え合うとともに、題名にもなっているこの言葉と、二人の関係の変化との結び付きを整理します。

△ 直接的な問い

「物語の題名は、二人の関係の変化とどのように結び付いているだろうか？」

①導入

「だれの会話文でしょうか？」とクイズのような導入で、楽しい雰囲気を演出する。前時の学習内容について振り返りを行う。

②課題提示

学習課題は「勇太への見方が変化したところは？」。三日目の中から、「特にこの部分」という一文を選ばせ、理由を交流。

授業展開

5年 なまえつけてよ

①導入

T　これは、だれの会話文でしょうか。（「なによ、その態度。」）

C　春花です。そして、それは会話文ではなくて、心内語です。

T　改行がないから心内語ですね。では、これは？（ありがとう。）

C　それも春花の心内語です。「かぎ」がつかない心内語もあります。

T　**勇太に対する言葉を比べると、勇太に対する春花の見方が、作品の中で変化していることが分かるのでしたね。**

②課題提示

T　**みんなは、春花の勇太への見方が変化したのは、三日目だと言っていましたね。特に、どの部分だと考えますか？　三日目の場面の中から、一文を選んで、理由をノートに書きましょう。**

C　僕が選んだのは、「受け取ったものを見て、春花は、はっとした。」の一文です。折り紙の馬をくれたことが嬉しかったと思うから。

C　私は、「勇太って、こんなところがあるんだ。」です。勇太の優しいところに気が付いたところだからです。

C　理由はほぼ同じなのですが、私は、そのちょっと前の「なまえ

想定される子どもの反応

●「見方が変わったのは、二日目の勇太が牧場に来たところだと思います」

「見方が変わったところ」として、「風がさあっとふきぬけた。」等の描写から「二日目」だと言う意見が出されることが想定されます。その場合には、「そうとも考えられるね」と解釈を認めた上で、「大きく変わったのは、何日目かな？」と問い返します。

③展開

「もしも、書かれていた言葉が『げんきだせよ』だったら？」と仮定する。「その方が春花も、嬉しいですよね」などと補助発問。

④まとめ

題名になっている言葉は作品にとって特別な言葉であり、人物が変化する場面など重要な場面で用いられることが多いことを確認。

つけてよ。」の部分です。書かれているのを見て、勇太が自分を励まそうとしているのが分かって、嬉しかったと思うからです。

③展開

T　折り紙の馬、そしてそれに書かれた励ましの言葉……。三日目の勇太の行動で、春花の勇太への見方が変化したことがよく分かりました。ただ、元気付けるなら、もっと別の言葉の方がいいですよね。**もしも、折り紙に書かれていたのが「げんきだせよ。」だったとしたら、もっと嬉しいですよね？**

C　いやいや先生、書かれていた言葉は、「なまえつけてよ。」だからいいのです。春花の気持ちを考えているからこその言葉です。

C　そうです。牧場の馬の名前をせっかく考えたのに、つけられなくなってしまって、春花は、本当はとても残念だったと思います。

C　その残念な気持ちを、少しでも和らげてあげようと思って、折り紙の馬に名前をつけてもらおうと、勇太は考えたのだと思います。「なまえつけてよ。」には、勇太の優しさが詰まっています。

④まとめ

T　**やはり題名になっている言葉は、特別な言葉ですね。人物の心情や関係の変化を考える上でも、重要な手がかりになりますね。**

さらなる教材分析

● 「三日目」の場面に、「春花はそっと何かをわたされた。」、「ペンで何か書いてある。」という「何か」という表現を用いた文があります。「何か」という表現には、読み手に想像を促し、引きつける効果があると考えられます。この表現の効果について理解させることをねらいとした、「もしも、『春花はそっと折り紙の馬をわたされた。』、『ペンでなまえつけてよと書いてある。』だったら？」という「もしも発問」も考えられます。

たずねびと（光村図書）

2／6時（第二次）

本時の目標

中心人物の考えが読み取れる表現を捉えるとともに、心内語をダッシュで表すことがあることを理解する。

［本時のポイント］

ダッシュは、「なかせん」と呼ばれる「区切り符号」の一種です。様々な用いられ方があります。本教材においては、①余韻をもたせる、②「かぎ」でかこむほどでない語句を地の文と分ける、③時間的な経過を表す、④補助的説明を文中にはさむ、といった目的で主に用いられていると解釈できます。本時では、ダッシュで表されることで、読み手にどんな印象を生むかを考えることを促しています。

「もしも発問」を生かした授業展開

[ステップ1]
すごく不思議なポスターだった。
綾は特に何を不思議に感じているんだろう？
[ステップ2]
―あんなにたくさんの人を、だれがさがしているんだろう。
「あんなにたくさんの人を、だれがさがしているんだろう。」
心内語なら、かぎ（「　」）で示してもいいですよね？

[ステップ1]

まず、「ダッシュ」への着目を促す必要があります。そのために、冒頭の一文を提示し、綾が特に不思議に感じていることは何かと問います。不思議に感じていることに関する意見交流の中で、多くの子どもが、「ダッシュ」のある表現を取り上げると考えられるからです。自然な流れの中で、「ダッシュ」への着目を促すことできます。

[ステップ2]

次に、「もしも、『かぎ』で表されていたとしたら」と仮定し、印象がどのように変化するかについて話し合います。「かぎ」で表されている場合と比べることで、「ダッシュ」ならではの効果を考えやすくなります。

△ 直接的な問い

「ダッシュで表されていることで、読み手はどのような印象を受けだろうか？」

①導入

冒頭の一文を提示し、視点について確認する。綾が「不思議」に思っていることがいくつかあることに気付かせる。

②課題提示

学習課題は「綾が特に不思議に感じていることは？」。一場面の中から、「特にこの部分」という一文を選ばせ、交流する。

授業展開　5年　たずねびと

①導入

T　作品冒頭に、「すごく不思議なポスターだった。」とあります。**地の文ですが、語り手は誰の視点から語っていますか？**

C　綾です。だから、綾が視点人物だと思います。

T　そうですね。ところで、綾は、何が不思議だったのですか？

C　うーん。たくさんの人を、誰が探しているのか

②課題提示

T　綾が不思議に思っていることが、一場面の中から、いくつか見えてきそうですね。**一場面の中で、綾が、特に不思議に感じていることは何でしょうか。特にこの部分という一文を選びましょう。**

C　私は、「何十年も前からだれも、『心当たり』がないのだろうか。」のところです。そんなにも長い間、心当たりがある人が見つかっていないことが、不思議だと思っていると思います。

C　「――どうしてだれも、この子のことを覚えていないのかな。」の部分だと思いました。

C　みんなとちょっと違って、「――びっくり。だれかが、わたし

授業展開のポイント

本時のもしも発問のねらいは、「ダッシュ」で表されていることの効果について考えさせることです。ですから、「『かぎ』だったとしたら、○○な印象に変わります」という子どもの発言に対しては、「ということは、ダッシュだとその反対に……？」と問い返し、「ダッシュ」の場合の印象についても、同時に整理することが必要です。

③展開

「もしも、ダッシュでなく、かぎで表されていたとしたら」と仮定し、印象がどのように変化するかについて話し合う。

④まとめ

「ダッシュ」があることで、間が読み取れたり、ゆっくり考えているということが想像できたりするという解釈をまとめる。

をさがしているの。」の部分です。自分と同じ名前で、年齢も同じ人が探されていることが、何だか不思議だったのではないかな。

③展開

T　**綾の不思議に思う気持ちが表現されているところには、「ダッシュ（―）」の記号が書かれているところが多いですね。これは、「心内語」のようにも思えるのですが……。**

C　確かに「心内語」みたいですね。

T　「心内語」だとすると、「ごんぎつね」のように、「かぎ」で表してもいいのかなと思います。**もしも、ダッシュの記号ではなく、「かぎ」で表されてたとしたら、印象はどう変わりますか？**

C　「かぎ」だと、テンポが少し早くなる感じがします。

C　うん。ダッシュがあることで、その言葉が心に浮かぶまでに、少しだけ間があるように感じます。

C　私も同じです。「…」みたいに、一瞬沈黙するみたいな感じ。

C　音読するとしたら、ダッシュが書かれている文は、少し間をあけて、ゆっくり読むような感じです。

④まとめ

T　**同じ心内語でも、表現の仕方によって感じ方が違いますね。**

ピックアップしたい発言

●**「ダッシュがあることで、その言葉が心に浮かぶまでに、少し間があるように感じます」「音読するとしたら、ゆっくり読むような感じです」**

→「間」や「速さ」に関する意見が出された場合には、その発言をした子どもに実際に音読を促したり、全員で音読したりします。そうすることで、その解釈への実感的な理解を促すことができます。

5年

大造じいさんとガン

（光村図書）

――4／6時（第二次）

もしも、
1～3場面の情景描写を入れ替えたとしたら？

本時の目標

中心人物の心情の変化と情景描写との関係を捉え、心情の変化が情景描写にも表れていることを理解することができる。

［本時のポイント］

中心人物である大造じいさんの心情は、作品中の様々な叙述や描写から読み取ることができます。本時において着目するのは、「情景描写」です。本作品には、いくつかの印象的な情景描写が用いられていますが、その一つ一つの表現は、各場面の大造じいさんの心情と重なり合うものになっています。残雪との闘いを重ねるごとに高まる大造じいさんの気持ちが、情景描写にも表れているのです。

「もしも発問」を生かした授業展開

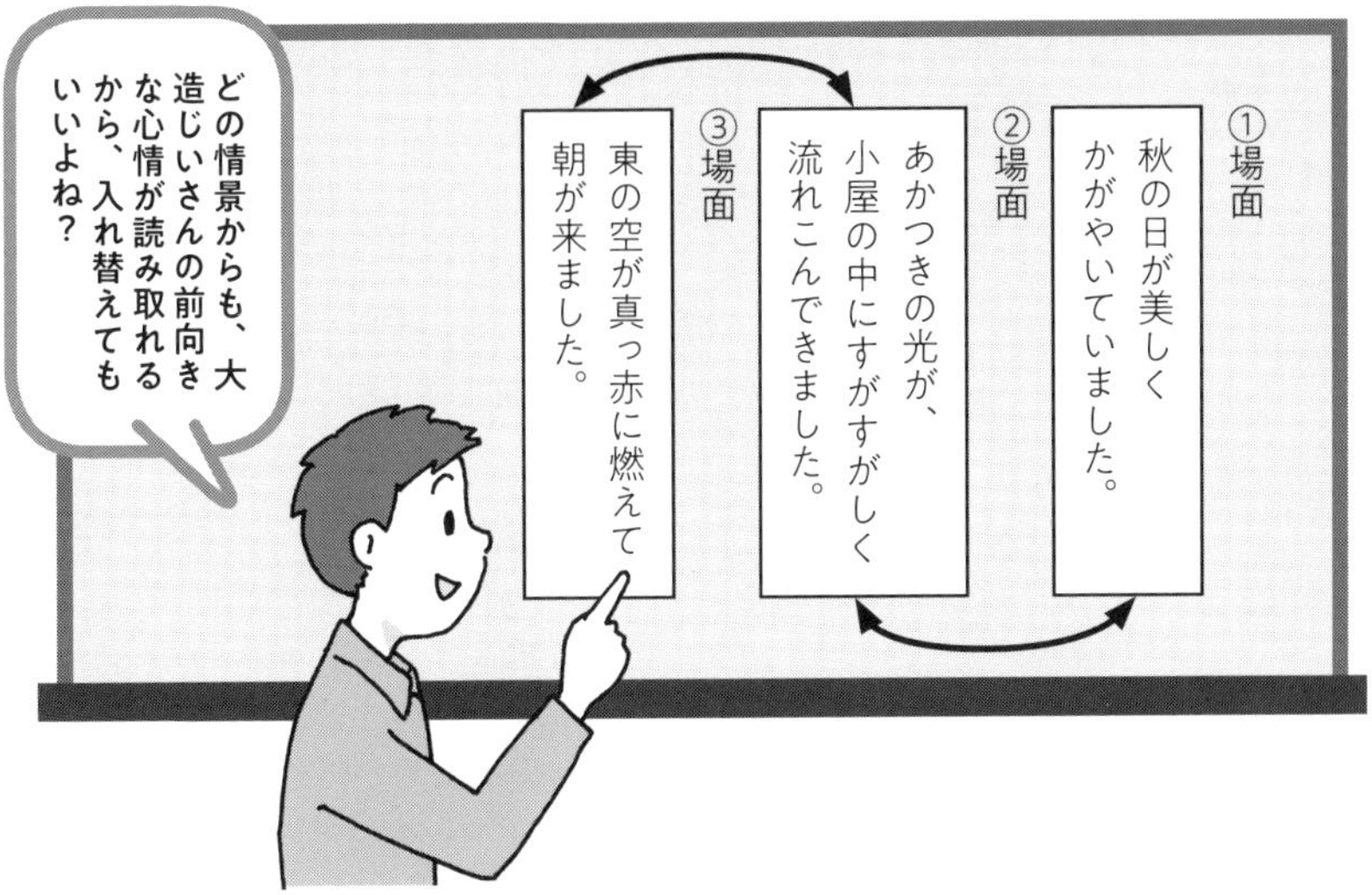
①場面
秋の日が美しく
かがやいていました。
②場面
あかつきの光が、
小屋の中にすがすがしく
流れこんできました。
③場面
東の空が真っ赤に燃えて
朝が来ました。
どの情景からも、大造じいさんの前向きな心情が読み取れるから、入れ替えてもいいよね？

【ステップ1】

まず、一場面と二場面の情景描写の入れ替えを提案します。一場面の「秋の日が……」という情景描写は、昼の太陽の描写です。一方、二場面の「あかつきの……」は、朝の描写です。そのため、「時間が合わないから、入れ替えてはダメ」という反論が予想されます。

【ステップ2】

そこで、二場面と三場面の情景描写の入れ替えを提案します。「朝」という点で共通している二場面の「あかつきの……」と、三場面の「東の空が……」という情景描写の入れ替えを提案することで、描写の内容面からの検討を促すことができます。

△ 直接的な問い

「情景描写からも、心情の変化が読み取れますか？」

①導入

前時の学習内容を振り返り、本時の学習で扱う、1～3場面の「情景描写」の文を抜き出したカードを黒板に掲示する。

②課題提示

学習課題は、「特にいいなと思う情景描写は？」。「情景描写」の文のカードから、一つを選択させ、理由を書かせる。

授業展開

5年 大造じいさんとガン

①導入

T　前の時間、第二場面の中で、「大造じいさんのやる気や自信が分かるところ」について話し合いました。

C　行動描写や会話文、情景描写から考えました。

T　最後に**一場面から三場面のこれらの情景描写を確認しましたね**

（各場面の情景描写の一文を抜き出したカードを黒板に掲示）。

②課題提示

T　**この三つの情景描写の中で、特にいいなあと思うものは、どれでしょうか？（選んだカードの番号と理由をノートに記入）**

③展開

T　（人数を挙手で確認後）少し三場面に偏っていますが、どの文も選ばれていますね。選んだ理由を教えてくれる人いますか？

C　一場面を選びました。わざわざ「美しく」と書かれていて、大造じいさんの自信を表している感じがいいなと思いました。

C　私は二場面です。「すがすがしく」から、朝の気持ちよい太陽の光が想像できます。「うまくいく」っていう気持ちが表れている。

想定される子どもの発言

● **「二場面の情景描写の方が自信を感じるから、入れ替えてもいいと思う」**

→このような発言があったとしても、個人の感覚の問題であり、否定できるものではありません。大切なのは、よい・よくないの二項対立にするのではなく、作者の表現意図を考えようとする方向付けです。

③展開

「プラスの心情が表れている」という共通性を確認した上で、「それなら、情景描写の文を入れ替えても問題ないよね？」とゆさぶる。

④まとめ

「情景描写の変化からも、人物の心情が変化していることを読み取ることができる」など、本時の学習内容を整理する。

C　三場面です。大造じいさんが「今日こそは、絶対に」って思っていることが、この情景描写から伝わってきます。

T　みんなの話から、どの情景描写も、大造じいさんのプラスの（前向きな）心情を表していることが分かりました。**だとしたら、情景描写の文は、もしも、入れ替えたとしても、大丈夫ですよね？**

C　いや、一場面は「昼」、二、三場面は「朝」の情景なので、時間的に合わないと思います。

T　**では、同じ「朝」の情景である、二場面と三場面なら？** 両方とも、小屋の中で待っているところも同じですよ。

C　場所や時間帯的にはいいんだけど……。

C　やっぱり、三場面に、一番強い気持ちの情景描写があった方がいいと思います。「真っ赤に燃えて」は、強い気持ちの表れです。

C　三年目は、一年目と二年目のこともあって、大造じいさんの気持ちが高まっていると思います。情景描写も、三場面が一番激しい感じで、気持ちの高まりを表しているんだと思います。

④まとめ

T　**中心人物の心情の変化が、情景描写にも表れているということですね。心情に合わせて、情景描写も変化していたのですね。**

ピックアップしたい発言

● **「場所や時間帯的には大丈夫なんだけど……」**

→「どういうこと？」と問い返すことで、人物の心情と情景描写との関係性に目を向ける発言を引き出し、そちらに方向付けをします。

● **「三場面の情景描写に、一番強い気持ちが表れているから……」**

→心情の高まりに伴う情景描写の変化に気付いている発言です。

言葉の意味が分かること（光村図書）

4/7時（第二次）

本時の目標

説明内容に着目して文章全体を整理し、大まかな構成を捉えるとともに、「譲歩」や「対比」などの考えの述べ方の特徴を理解する。

［教材のポイント］

本教材は、プレ教材「見立てる」（光村5年）と同様に、「双括型」の文章です。特筆すべきは、「終わり」における、筆者の「考え」の述べ方です。⑪段落では、「～してしまいがちです。」と「受容」した上で、「しかし、……。」と「主張」をする譲歩構文的な述べ方が用いられています。また、「点」と「面」という対比的な表現を用いることによって、読み手の理解を促そうとする意図が読み取れます。

「もしも発問」を生かした授業展開

［ステップ1］

［ステップ2］

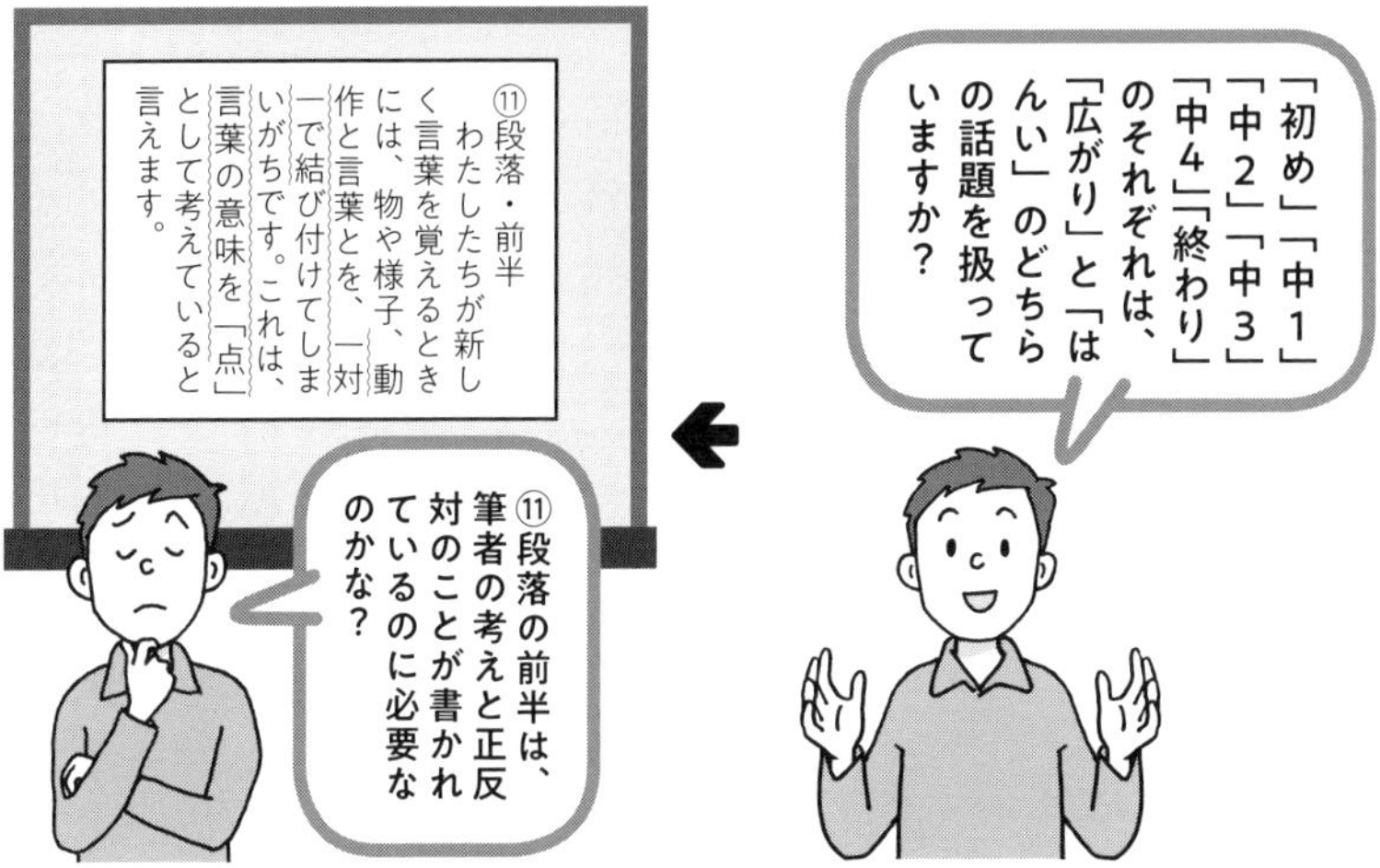
「初め」「中1」「中2」「中3」「中4」「終わり」のそれぞれは、「広がり」と「はんい」のどちらの話題を扱っていますか？
⑪段落・前半
わたしたちが新しく言葉を覚えるときには、物や様子、動作と言葉とを、一対一で結び付けてしまいがちです。これは、言葉の意味を「点」として考えていると言えます。
⑪段落の前半は、筆者の考えと正反対のことが書かれているのに必要なのかな？

【ステップ1】

まず、「広がり」と「はんい」というキーワードへの着目を促し、「初め」「中1」「中2」「中3」「中4」「終わり」の各まとまりが、どちらの説明に関係しているのかを整理することで、文章の全体像を大まかに捉えます。

【ステップ2】

「言葉の意味を『点』として考える」というのは、「広がりや範囲がある」とは真逆の内容であることから、「第⑪段落の前半は、なくてもいいのでは？」とゆさぶります。「もしも、なかったとしたら……」と考えることで、一度「受容」することや、「点」と「面」という対比的な表現を用いることの効果の検討を促します。

△ 直接的な問い

「なぜ、主張とは異なることを、先に述べる必要があるのか？」

①導入

「『着る』という言葉が使えるのは？」を考える。「言葉の意味に広がりがある」ことを実感的に理解させるのがねらい。

②課題提示

学習課題は、「それぞれのまとまりで説明されているのは、『広がり』？『はんい』？」。構成を大まかに捉える活動。

授業展開 5年 言葉の意味が分かること

①導入

T （カードを示して）これは、何ですか？（C 帽子です。）では、これは？（さまざまな種類の「帽子」の写真を提示する）

T 「帽子」という一つの言葉に、色々なものが含まれるのですね。身に着ける物には、帽子のほかにどのようなものがありますか？

C 「Tシャツ」、「ワンピース」、「靴」、「メガネ」、「コート」……。

T **では、それらの中で、「着る」という言葉が使えるものは、どれですか？**（C えーっと、Tシャツと、ワンピースと……。）

②課題提示

T **今の「帽子」の例や、「着る」の例のように、筆者は、言葉の意味には〇〇〇があると言っています。何が入るでしょうか？**

C 広がり。 C 範囲。

T 確かに、どちらも、文章の中で説明されています。この二つのキーワードで、文章を整理してみましょう。**「初め」、「中」、「終わり」、それぞれで説明されているのは、「広がり」？「はんい」？**

（各部分について話し合いを行う。）

想定される子どもの発言

● **「第十一段落の前半がないと、いきなり「しかし」になって、変です」**

→まずは、「しかし」という言葉に着目していることを価値付け、板書します。その上で、内容的な面にも目を向けさせるために、「では、『しかし』がなかったら、どうかな？」と問い返します。

③展開

「もしも、第11段落の前半がなかったら？」とゆさぶる。「主張とは異なるから、必要ないよね」などの補助発問を行う。

④まとめ

話し合ったことを振り返り、「譲歩的な表現」や「対比的な表現」を取り入れることによる効果について、整理する。

③展開

T　「初め」と「中1」が「広がり」、「中2」「中3」「中4」が「はんい」、「終わり」が「広がり」と「はんい」の両方を説明していることが分かりました。このように整理してみると、この文章の内容の中心は……。

C　「言葉の意味には、広がりや範囲がある」ということ。

T　そうですね。だとすると、「広がりや範囲がある」とは真逆のことが書かれている第十一段落の前半は、不要ですよね。**もしも、第十一段落の前半がなかったとしたら、どうかな？**

C　前半がないと、いきなり「しかし」になって、変です。

C　筆者は、前半で、あえて真逆のことを書いていると思います。

C　うん、「点」と「面」を対比することで、分かりやすくしている。

C　最初に、「こうしてしまいがちですよね」って書かれていることで、筆者が私たちのことを分かってくれている感じがする。

④まとめ

T　**自分の考えを主張する前に、読み手に寄り添うような「譲歩する表現」を入れると、主張が受け入れられやすくなる効果がありそうですね。「A。しかし、B。」を譲歩構文と言います。**

次時以降の授業内容例

●「この文章は何型の文章か？」

プレ教材「見立てる」における学習を生かして、「双括型」と考える子どもが多いと思われます。一方で、本時の学習の中で整理したように、「初め」においては、言葉の意味の「広がり」への言及はありますが、「はんい」という言葉は出てきません。「終わり」との「ずれ」を表面化し、「本当に双括型なのか？」とゆさぶります。

5年

固有種が教えてくれること（光村図書）

4／11時（第二次）

本時の目標

資料の用い方における筆者の意図を解釈することを通して、目的やねらいに応じて、資料を効果的に使うことの大切さを理解する。

［教材のポイント］

図表やグラフ、絵、写真などの文章以外の資料は、読み手の理解を助けたり、説明内容に説得力をもたせたりするねらいで用いられます。ただし、大切なのは、それらの資料を「効果的に」活用することです。資料は、「たくさんあればよい」という訳ではありません。本教材においても、筆者は説明をする上で、必要な資料を精選し、明確な意図をもって用いていると考えられます。

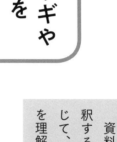

「もしも発問」を生かした授業展開

［ステップ1］　［ステップ2］

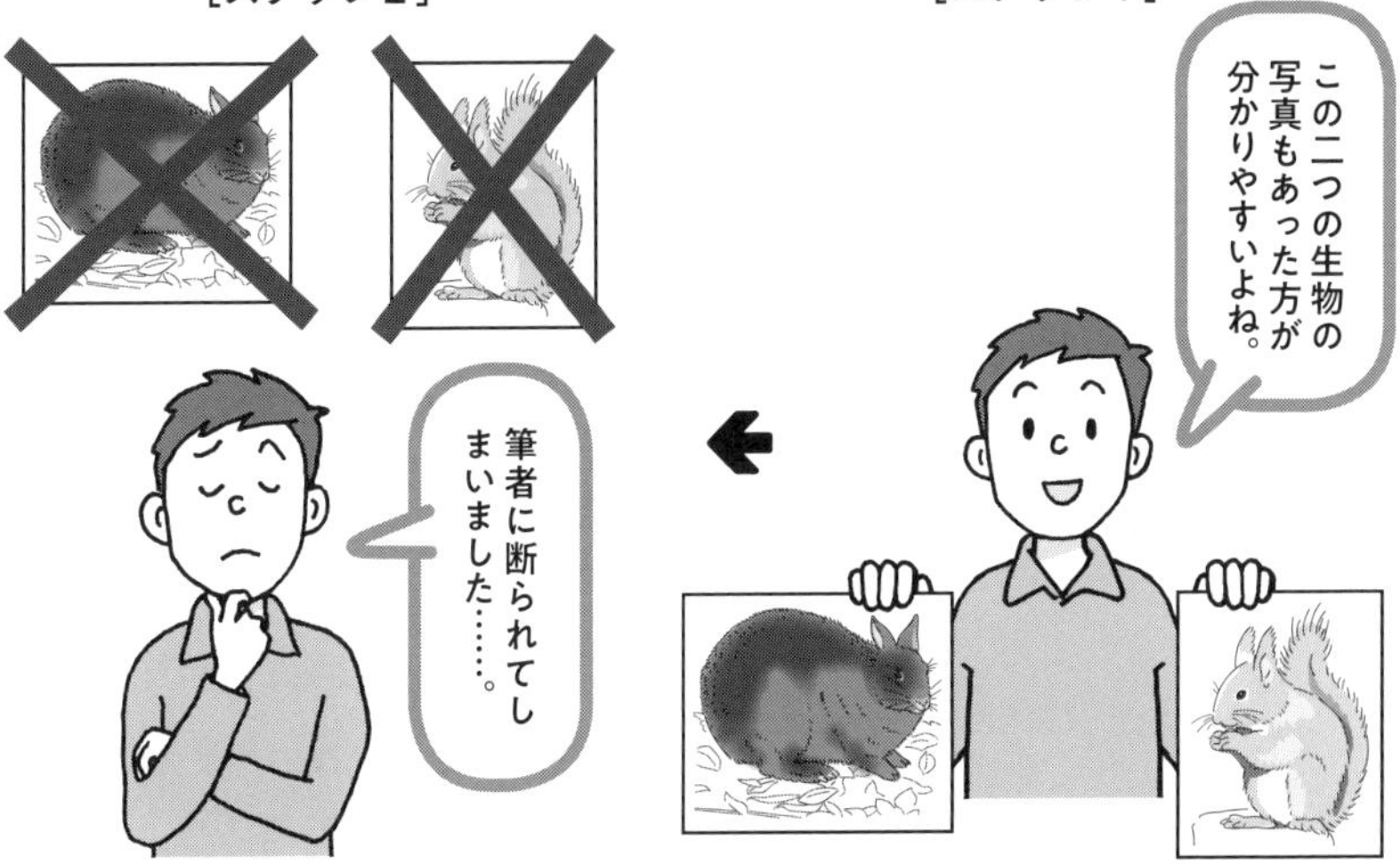
この二つの生物の写真もあった方が分かりやすいよね。
筆者に断られてしまいました……。

【ステップ1】

「もしも、資料を加えたとしたら……？」と、二つの生物の写真を掲示し、資料があった方が理解がより一層促されることを確認します。

【ステップ2】

「筆者に、写真を載せるようおすすめしたら、断られた」という設定をし、その理由を考える中で、次の二つの解釈を促します。

①アマミノクロウサギの写真がない理由

→文章をもとに、姿を想像することを促すため。文章から想像した上で、脚注のＱＲコードから、姿を確認することができる。

②ニホンリスの写真がない理由

→リスは一般的に姿が知られているため。

△　直接的な問い

「なぜ、アマミノクロウサギやニホンリスの資料が用いられていないのか？」

①導入

資料を順不同に提示し、説明文に出てきた順に並べ替える活動。本時の学習では、資料について考えることを意識させる。

②課題提示

学習課題は、「最も興味をもった資料はどれか？」。それぞれの興味・関心に応じて、一つを選択させて、理由を交流。

授業展開

5年 固有種が教えてくれること

①導入

T 「固有種が教えてくれること」には、様々な資料が出てきました。**（七つの資料を掲示後）これらを、説明文に出てきた順番に並べられますか？**

②課題提示

T **七つの資料の中で、最も興味をもったものは、どれですか？一つ選んで、ノートに書きましょう（挙手で人数を確認後、交流）。**

C 「資料5」です。「ニホンオオカミ」の実際の姿を見たのは初めてだったので、とても興味をもちました。

C 私は、「資料2」です。日本列島が大陸から離れていく様子が分かりやすくて、固有種が生まれる訳もよく分かりました。

T あまり選ばれなかった「資料3」や「資料4」は、必要ないのでしょうか？

C いや、日本列島の各地の気候的な違いの大きさや、地形が変化に富んでいることなどを示すためには、必要な資料です。

③展開

さらなる教材分析

●資料の用い方に関する疑問

本時では、「読み手に想像を促すため」、「広く知られているから」などと解釈をしていますが、アマミノクロウサギや二ホンリスの写真を資料として用いなかった、実際の理由は分かりません。紙幅の都合ということであれば、ニホンカモシカのような形で脚注に掲載することもできたはずですが……。筆者に確かめてみたいものです。

③展開

「もしも、資料を加えたとしたら？」とゆさぶる。「これらの資料があった方が、より内容が理解できるよね」と補助発問をする。

④まとめ

「資料は多ければよい訳ではない」、「説明の内容に応じて、必要な場合のみ用いる」など、効果的な資料の活用について整理する。

T　どの資料も、文章と結び付いていることや、目的をもって用いられていることが分かりました。資料を用いることで、説明の内容がとても理解しやすくなりますね。

C　初めて聞く物事も、資料のおかげで理解することができます。

T　**もっと理解しやすい説明文にするために、次の資料を加えたらどうかな？　もしも、アマミノクロウサギや、ニホンリスの資料が加えられたとしたら、より分かりやすいと思いませんか？**

C　筆者は、あえて、アマミノクロウサギは載せなかったと思います。第一段落で、特徴を言葉で説明しているからです。写真がないからこそ、言葉をもとに想像を膨らませることができます。

C　読む人に想像させて、「見てみたい！」と思わせるのがねらいかも。見たいと思ったら、下のQRコードで見られるから。

T　では、ニホンリスの写真は？

C　載せなかったのは、多くの人が知っているからではないかな。

C　確かに、写真がなくても、どんな姿かは大体分かります。

④まとめ

T　**読み手にとって本当に必要な情報かどうかを考えて、資料を用いるか否かを判断することが重要ですね。**

ピックアップしたい発言

- **「読む人に、想像させようとしているのではないかな」**
- **「多くの人が知っているからではないかな」**

→妥当性の高い筆者の意図の解釈をしている発言です。こうした解釈をする子どもが仮に少数だけだった場合には、「言っていること、分かる？」という問い返しを丁寧に行い、全員で考えを共有します。

5年

想像力のスイッチを入れよう（光村図書）

4／6時（第二次）

もしも、
「想像力のスイッチ」という言葉を使わなかったとしたら？

本時の目標

筆者の考える「想像力のスイッチ」について解釈するとともに、ネーミングの効果について理解することができる。

［教材のポイント］

本教材の中には、二重かぎ（『』）で示されていることが四つあります。そして、これらが、筆者の主張する「想像力のスイッチ」であると考えられます。四つの内容を整理すると、「想像力のスイッチ」とは、「情報を受け取る際の態度」や「情報を吟味する際の観点」だと言えます。「想像力のスイッチ」とネーミングすることには、読み手の関心を引きつけ、理解し易くする効果があると考えられます。

「もしも発問」を生かした授業展開

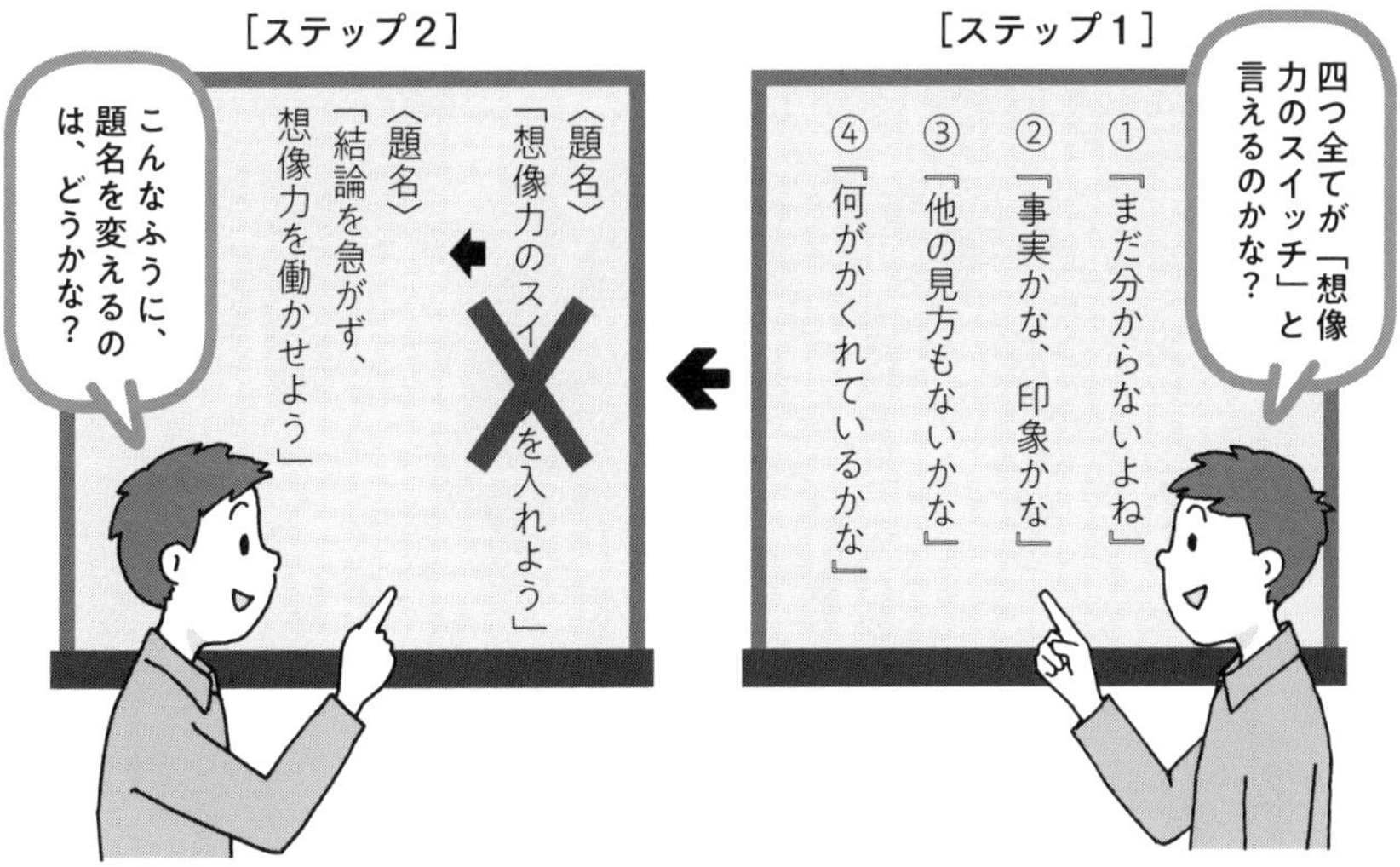
［ステップ1］
四つ全てが「想像力のスイッチ」と言えるのかな？
①『まだ分からないよね』
②『事実かな、印象かな』
③『他の見方もないかな』
④『何がかくれているかな』
［ステップ2］
〈題名〉
「想像力のスイ
を入れよう」
〈題名〉
「結論を急がず、想像力を働かせよう」
こんなふうに、題名を変えるのは、どうかな？

【ステップ1】

四つの二重かぎ（『』）で示された内容を取り上げ、「想像力のスイッチはどれ？」と問い、話し合いを促します。話し合いを通して、「想像力のスイッチ」とは、どのようなことか、まとめます。

【ステップ2】

「題名にも本文にも、『想像力のスイッチ』という言葉を使わない方が分かりやすいのでは？」とゆさぶります。「実際に私たちも、悩んでしまったよね」と補助発問を行います。「結論を急がず、想像力を働かせよう」という仮定した題名と比較すること等を通して、「想像力のスイッチ」と表現するよさを考えます。

△ 直接的な問い

「なぜ、『想像力のスイッチ』という表現をするのか？」

①導入

二重かぎで示した部分が「想像力のスイッチ」である、と筆者が述べている記事を紹介し、文章中の二重かぎの部分を確認する。

②課題提示

学習課題は、「想像力のスイッチは、いくつか？」。「想像力のスイッチ」とは、どのようなことかを整理するねらい。

授業展開

5年 想像力のスイッチを入れよう

①導入

T **実は、筆者の下村さんは、あるインタビューの中で、「想像力のスイッチ」は二重かぎ（『』）で示したと言っています。**

C 二重かぎになっているのは、①**『まだ分からないよね。』**、②**『事実かな、印象かな』**、③**『他の見方もないかな。』**、④**『何がかくれているかな。』の四つです。**

②課題提示

T ということは、「想像力のスイッチ」は、全部で四つ？

C うーん、ちょっと違う感じのものが入っている気もします。

T **これら四つは、全て「想像力のスイッチ」と言えるのかな？**

③展開

C 私は、「想像力のスイッチ」は、②③④の三つだと思います。②には「想像力を働かせながら」、③には「と想像してみよう」、④には「と想像することが大切だ」と書かれていて、どれも「想像」という言葉を使って説明されています。

C 確かに、①の部分には、「想像」という言葉が出てきません。

想定される子どもの発言

●**「先生の提案した題名の方がいいと思います」**

→教師の提案に賛同した子どもがいる場合には、共感した上で、「筆者にはどのような意図があるか」を考えるように促します。また、そうした子どもが多い場合、「実は下村さんは、この四つを、『四つのハテナ』という呼び方もしているそうです。こういう呼び名をつけるよさって、何だろう？」と問い返すのも一つの方法です。

③展開

「もしも、『想像力のスイッチ』という言葉を使わなかったら？」とゆさぶる。「意味が分かりづらいよね」などの補助発問を行う。

④まとめ

話し合ったことを振り返り、「想像力のスイッチ」という表現を用いることのよさや、効果について整理する。

C　でも、①がないと、そもそも「想像」することができないと思います。結論を出してしまったら、想像する機会がない。

T　最初、先生も皆と同じように考えたのですが、インタビューの中で下村さんは、四つとも「スイッチ」だと言っていました。

C　つまり、②③④のような「想像力の働かせ方」だけでなく、①の「想像力を働かせるための習慣」も「スイッチ」に含まれる。

T　そうですね。でも、①も含むとすると「想像力のスイッチ」という表現は分かりづらくないですか？　**もしも、「想像力のスイッチ」という言葉を使わなかったとしたら、どうでしょう？**　例えば題名を「結論を急がず、想像力を働かせよう」にするとか……。

C　いや、それだと、題名を見ても、文章を読みたいと思いません。

C　「スイッチ」という言葉、私はぴったりだと思います。何か情報を聞いたときに、「ポチッ」と押して、想像を開始する感じです。

C　①のスイッチは常に押しておいて、②③④は必要がある時に押すのかなと思いました。私には、分かりやすい表現です。

④まとめ

T　**「想像力のスイッチ」という表現には、興味を引いたり、理解を助けたりするよさがあるのですね。**ネーミングの効果ですね。

丁寧に展開したい場面

●「想像力のスイッチは、いくつか？」

次の２点について、黒板上できちんと整理することが重要です。

・四つの中で、①『まだ分からないよね』が、ほかの三つとは少し異なる内容であること。

・四つの内容から解釈すると、「想像力のスイッチ」とは、「想像力を働かせるための姿勢や習慣」や「想像力の働かせ方」であること。

6年

帰り道

（光村図書）

2／4時（第二次）

本時の目標

一人称で書かれ、その人物の視点から語られている物語では、ほかの人物の語られ方に視点人物の見方が反映していることを理解する。

もしも、「律の視点」で書かれた「1」だけだったら？

［教材のポイント］

第五学年までで学習した物語と異なり、本教材は一人称で語られています。また、大きな特徴として、二人の登場人物、それぞれの視点から、同じ出来事が語られているという点が挙げられます。視点人物以外の人物（対象人物）について語られていることは、視点人物からのその人物の見え方であり、視点人物の見方が反映しているということを理解するのに、適した教材であると言えます。

「もしも発問」を生かした授業展開

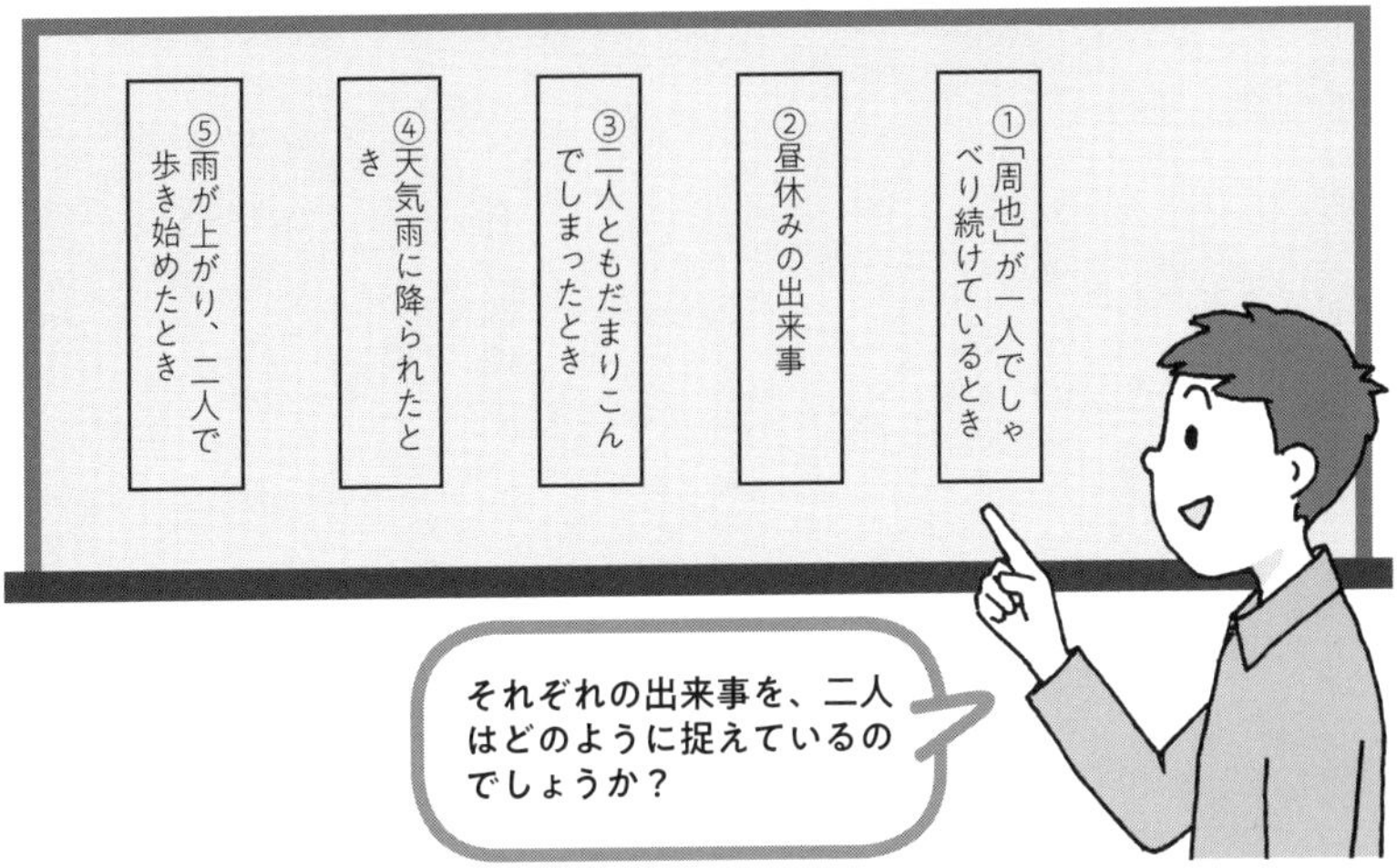
①「周也」が一人でしゃべり続けているとき
②昼休みの出来事
③二人ともだまりこんでしまったとき
④天気雨に降られたとき
⑤雨が上がり、二人で歩き始めたとき
それぞれの出来事を、二人はどのように捉えているのでしょうか？

【ステップ1】

「1」と「2」に共通する、五つの場面を提示し、最も印象に残った場面について交流します。二人の人物がそれぞれの出来事をどのように捉えていたか、またお互いをどのように見ていたかについて整理を行います。

【ステップ2】

「もしも、『1』だけだったとしたら」と仮定し、その場合に、「周也」の人物像は、読み手にどのように解釈されるかを問います。「1」だけから解釈される「周也」の人物像は、「1」と「2」を併せて読んだ時とは異なります。そのことを実感させた上で、視点と作品の解釈の関係について理解を促します。

△ 直接的な問い

「文学作品における視点は、作品の解釈にどのような影響があるのだろうか？」

①導入

前時に子どもが書いた感想を紹介する。二人の視点で書かれていることについての感想が多いことが予想される。

②課題提示

学習課題は「特に印象に残った場面は？」。学習の手引きに示されている五つの場面の中から一つ選択させる。

授業展開

6年 帰り道

①導入

T　前回、初めて読んだ感想として、「作品のいいところ」を書いてもらいました。多くの人が挙げていたのが、**「律」と「周也」、それぞれの心情や出来事の捉え方が分かるという点です。**

②課題提示

T　そのような「二人の内面が分かる」という作品のよさが味わえるのが、次の五つの場面ではないでしょうか。**これらの場面の中で、特に印象に残った場面はどれですか？**

C　私は、①です。「周也」は、昼の出来事を全然気にしていないと思っていたから、「2」を読んだ時、驚きました。まさか、野球の練習を休むほど、気にしていたとは……。

C　③です。「周也」が黙ったのは、返事をしないことに白けたからだと、思い込んでいました。「何も言えない。言葉がでない。どうしよう。」というところを読んで、「周也」もそんな風に思っていたのかと思うと、少し切なくなりました。

③展開

次時以降の授業内容例

次時以降、以下のような授業展開が考えられます。

- 「もしも、『周也』の視点で書かれた『2』だけだったとしたら、『律』の人物像はどのように解釈されるか？」について考える。
- 本時の学習内容を活用し、一人称で書かれ、その人物の視点から語られている別の物語を取り上げ、対象人物の人物像に、視点人物の見方がどのように投影されているかを考える。

③展開

「もしも、『律』の視点で書かれた『1』だけだったとしたら？」と仮定し、「周也」の人物像がどのように解釈されるかを話し合う。

④まとめ

一人称で、その人物の視点から語られている物語の場合、ほかの人物の人物像には視点人物の見方が反映していることを確認する。

T　これまでに学習してきた物語もそうですが、多くの作品は、一つの視点から書かれていますよね。**もしも、この作品も、「律の視点」で書かれた「1」だけだったとしたら、「周也」の人物像は、読み手にどんな人物像だと解釈されるでしょうか？**

C　「2」がある時と比べて、かなりマイナスに捉えられると思います。①の場面で、謝りもせず、何事もなかったかのように振舞っているところに腹が立つと思います。「人の気持ちが分からない人」のように人物像を捉えてしまうかな。

C　私も結構、嫌な人だなと思ってしまうと思います。というか、実際に「2」を読む前は、そう思っていました。昼休みの言葉が強いし、「急にいらついた目でぼくをにらんだ」というところから、気が強くて意地悪な人物を想像してしまっていました。

④まとめ

T　そう考えると、「ぼく」や「わたし」のように一人称で、その人物の視点から語られている物語を読む場合、気を付けなければならないことは、どんなことでしょうか。

C　**視点人物以外の人物像は、捉えられたとしても、視点人物の見方が大きく影響した人物像であるということです。**

さらなる教材分析

この作品、「1」と「2」のどちらから読んだとしても、内容を理解することができるでしょうか。実は「2」から読んだとしたら、最後の場面の「ぼく、晴れが好きだけど……」の部分の意味がよく分かりません。「昼休みの出来事」の詳細が分からないからです。**「もしも、『1』と『2』を入れ替えたとしたら？」**という発問で、詳細な「作品の設定」が「1」で行われいることを確認することもできます。

やまなし

（光村図書）

5／8時（第二次）

もしも、
題名が「かわせみと
やまなし」だったと
したら？

本時の目標

作者が作品にどのような思いを込めているのかを想像する上で、題名の付け方が一つの着眼点になることを理解する。

［本時のポイント］

作品の「主題」を捉える観点の一つとして、「題名の付け方」があります。本教材においても、「五月」と「十二月」、大きく二つの場面に分かれている構成でありながら、題名になっているのは、「十二月」にのみ出てくる「やまなし」です。作者は、あえて、この題名にしているのです。「題名の付け方」について考えることを通して、作者が特に「十二月」の場面に、思いを込めていることが解釈できるのです。

「もしも発問」を生かした授業展開

［ステップ1］

［ステップ2］

五月
かわせみ
クラムボン
日光
十二月
やまなし
あわ
月光
人間の世界に置き換えると、それぞれの場面にどんなメッセージがあるのでしょうか？
題名
「やまなし」
「かわせみとやまなし」
どちらの場面にも伝えたい思いがあるなら、「かわせみ」も入っていた方がいいよね。

【ステップ1】

まず、「五月」と「十二月」の大まかなイメージを捉えられるよう、「似ているけれど、少し違うところ」を探す活動で、両場面における対比的な表現を整理します。

【ステップ2】

次に、それぞれの場面がもつメッセージ性を、「人間の世界に置き換えると？」という視点で捉えさせます。

二つの場面に込められた思いについて、子どもたちが解釈したことを整理した上で、最後に、「もしも、題名が『かわせみとやまなし』だったら？」と仮定し、題名が「やまなし」である意味についての解釈を促します。

△ 直接的な問い

「作者は、この作品を通して、何を伝えようとしているのか？　作品の主題は？」

①導入

「どちらの場面の言葉でしょうか？」と、本時に学習に関わる言葉を提示する。楽しい演出で、全員参加を目指す導入。

②課題提示

学習課題は、「二つの場面の『似ているけれど、少し違うところ』は？」。先に例示するなどして、考えやすくしたい。

授業展開 6年 やまなし

①導入

T **「どちらの場面の言葉でしょうか？」クイズをします。**第一問は、「クラムボン」。（C 「五月」です。）

T 第二問、「かにの子どもら」。（C えっ……。両方です！）

②課題提示

T 「五月」と「十二月」の二つの場面、ちょっと似ていますね。「ちょっと似ている」けれど、違いがある。**二つの場面の「似ているけれど、少し違うところ」は、どの部分ですか？**

C 「かにの子どもら」が会話しているところが同じですが、話している内容が違う。「十二月」の方が、成長している感じがします。

C 光がたくさんあって、明るい様子は似ているのだけれど、「五月」は「日光」で、「十二月」は「月光」。昼と夜の違いがあります。

C 「五月」は「かわせみ」が来て、「十二月」は「やまなし」が落ちてくる。どちらも、上から来るものがあるのは同じです。

③展開

T 「似ているけれど、少し違うところ」について、様々な観点が

授業展開のポイント

「主題」、「作者が作品に込めた思い」を扱う学習は、非常に抽象的で難解なものだと、子どもたちに受け取られがちです。そのような印象をもった子どもの学びへの意欲は減退し、ついてこられなくなってしまうこともあります。本時のように、楽しい導入や、前半で手がかりとなる言葉を取り上げておくこと、「作品の世界を自分の生活に置き換えて考える」ことを促すことなどが、主題を扱う際のポイントだと考えます。

③展開

それぞれの場面が表現していることを整理した上で、題名に着眼し、「もしも、『かわせみとやまなし』なら？」と仮定する。

④まとめ

話し合いを振り返り、「作者が作品に込めた思い」を想像する時に、「題名の付け方」が一つのヒントになることを確認する。

出されました。話し合いを踏まえると、同じ川底の場面でも、それぞれの場面で作者が表現したかったことは違うようですね。

C　作者が表現したかったこと、作者の思い……。難しいです。

T　難しいですよね。**私たち人間の世界に当てはめるとどうかな。**

C　「五月」は、「自分が知らないことは、怖い」とかかな？　私も、経験したことがないことって、よく分からなくて怖いから。

C　「十二月」は、「身近なちょっとした幸せ」。家族と過ごす何気ない時間や、家族で美味しいものを食べたときのような感じ。

T　それぞれの場面に、伝えたい思いがあるとすると、題名が「十二月」にしか出てこない「やまなし」というのは、変ですね。**もしも、題名が「かわせみとやまなし」だったとしたら、どうでしょう。**

C　いや、作者は特に「十二月」の世界のイメージを大事に思っていたから、それを表すために「やまなし」にしたのだと思います。

C　作品の温かいイメージを生んでいるのが「やまなし」。作品全体を、そういうプラスイメージのものにしたかったのかな。

④まとめ

T　**「題名の付け方」に着目することで、作者が作品に込めた思いを想像することができますね。**

次時以降の授業内容例

「主題」を考える上で、作家の生き方や考え方などの「作家論」に触れることも大切です。一方で、作家に関する知識を得る前に、作品そのものから想像する力も育んでいきたいと考えます。本時では、資料として掲載されている「イーハトーヴの夢」を読んでいない前提での主題解釈を行っていますので、「イーハトーヴの夢」を読み、作家の生き方や考え方を踏まえた上での主題解釈は、次時以降に行います。

6年

海の命
（光村図書）

4／6時（第二次）

もしも、
太一の生き方に、
「母」が最も影響を
与えたとしたら？

本時の目標

中心人物とほかの人物との関わりを捉えるとともに、どの人物との関わりに着目するかによって、主題の捉え方が変化することを理解する。

［本時のポイント］

どこを「山場」と捉えるか、また、どの人物と中心人物との関わりに着目するかなど、着眼の仕方によって、作品の「主題」の捉え方は変化します。本教材では、中心人物の太一と、「父」、「与吉じいさ」、「母」との関わりが描かれています。そして、どの人物に着目するかということが、主題の解釈に大きく影響すると考えられます。主題把握の着眼点としての「中心人物とほかの人物との関わり」を押さえます。

「もしも発問」を生かした授業展開

「（　）の存在は、人が生きる上で大切なことは○○だということを、太一に教えてくれた。」
「おとう」の場合
夢
目標
憧れ
恵み
「与吉」じいさの場合
自然
共生
命
「母」の場合
家族
身近な人
前向きな考え方
どの人物に着目するかで、主題の捉え方が変わりますね。

［ステップ１］

　まず、「太一の生き方に最も影響を与えたのは？」という学習課題を設定します。ここでは、「漁師だから」と理由をつけた上で、「おとう」と「与吉じいさ」の二人に限定して考えさせます。理由の交流をした上で、二人の人物から「太一」が学んだ生き方を、「夢を追う」や「自然と生きる」といった言葉で抽象化します。

［ステップ２］

　次に、「最も影響を与えたのが仮に「母」だとしたら」……と考えることを促します。「どの人物に着目するかで、主題の捉え方が変わる」ということを実感させるのが、このように段階を踏むねらいです。

△ 直接的な問い

「作者は、この作品を通して、何を伝えようとしているのか？　作品の主題は？」

①導入

「だれの会話文でしょうか？」と、本時の学習で着目する三人の会話文を提示する。クイズ形式で楽しい導入を演出する。

②課題提示

学習課題は、「太一の生き方に最も影響を与えたのは？」。漁師である「父」と「与吉じいさ」に限定し選択させる。

授業展開

6年 海の命

①導入

T **クイズをします。「だれの会話文でしょうか？」**。まず、一つ目は、「海のめぐみだからなあ。」（C 「おとう」です。）

②課題提示

T **「太一」の生き方に最も影響を与えたのは、「おとう」と「与吉じいさ」のどちらだと思いますか？（ノートに意見記入後、交流）**

C 私は、「与吉じいさ」です。「千匹に一匹でいいんだ。千匹いるうち……」という言葉から、海で生きる漁師として大切な姿勢を教わったと思います。

C 僕は、「おとう」です。そもそも、「おとう」への憧れが、漁師を目指すきっかけだからです。

③展開

T 今の話し合いを踏まえて……**「（　　）の存在は、人が生きる上で大切なことは〇〇だということを、太一に教えてくれた。」の〇〇には、どんな言葉を入れますか。**

C 「おとうの存在は、人が生きる上で大切なことは、目標をもつ

想定される別の授業展開

本時の前半では、「太一の生き方に最も影響を与えたのは？」について、「おとう」と「与吉じいさ」の二人に限定して考えることを促しています。ここでは、「最も影響を与えたのは、『母』でもいいですか？」という反応も想定されます。その場合には、「母」も選択肢に含めて授業を進め、意見交流の際に「漁師ではない母からは、あまり影響を受けていないですよね」などとゆさぶるという展開が考えらます。

③展開

「父」、「与吉じいさ」、両方の解釈を整理した上で、「もしも、母が最も影響を与えたとしたら……」と解釈を仮定して提示する。

④まとめ

「主題」という用語について解説する。本時の話し合いを振り返り、主題を把握する際の着眼点について、まとめる。

ことだということを、太一に教えてくれた。」です。

C　ちょっと文を変えたのですが……。「与吉じいさの存在は、自然と共に生きることの大切さを、太一に教えてくれた。」です。

T　「おとう」を選んだ人からは、「夢」「憧れ」「目標」「恵み」などの言葉が、「与吉じいさ」を選んだ人からは、「自然」「共生」「命」などの言葉が挙げられました。もう一人、太一に影響を与えた可能性がある人物がいますね。

C　います。「母」です。

T　そう、漁師ではない、「母」です。**もしも、太一の生き方に、「母」が最も影響を与えたとしたら、先ほどの一文は、どうなりますか。**

C　「家族を大切にすることの大切さを教えてくれた。」かな。

C　「母の存在は、人が生きる上で大切なことは、身近な人を大事にすること、それが本当の幸せであると教えてくれた。」です。

④まとめ

T　「太一」という人物の生き方を通して伝わってくる、「人が生きる上で大切なこと」。作品の「主題」と言われます。今日の授業で考えたように、**「主題」は、中心人物と、どの人物との関わりに着目するかによって、捉え方が変化します。**

想定される子どもの発言

（　　）の存在は、人が生きる上で大切なことは、○○だということを、太一に教えてくれた。

→○○の部分が、「海の命」や「魚をとりすぎない」など、作品の内容に即してはいるものの、具体的過ぎる言葉である場合があります。意識させたいのは、「人が生きる上で大切なこと」であって、「漁師が生きる上で大切なこと」ではないということです。

6年

時計の時間と心の時間（光村図書）

5／7時（第二次）

本時の目標

筆者の主張とそれを支える事例との関わりを捉えるとともに、複数の事例を挙げて説明を行う筆者の意図を解釈し、評価する。

［教材のポイント］

中学年の説明文教材における事例の列挙は、多くが列挙した事例そのものを紹介することが目的で行われます。一方、高学年の説明文教材における事例の列挙は、目的が少し異なってきます。列挙した事例そのものを紹介することが目的なのではなく、筆者の主張を支えることを目的として、事例が用いられるのです。本教材の筆者も、複数の事例を挙げることで、主張に説得力をもたせています。

「もしも発問」を生かした授業展開

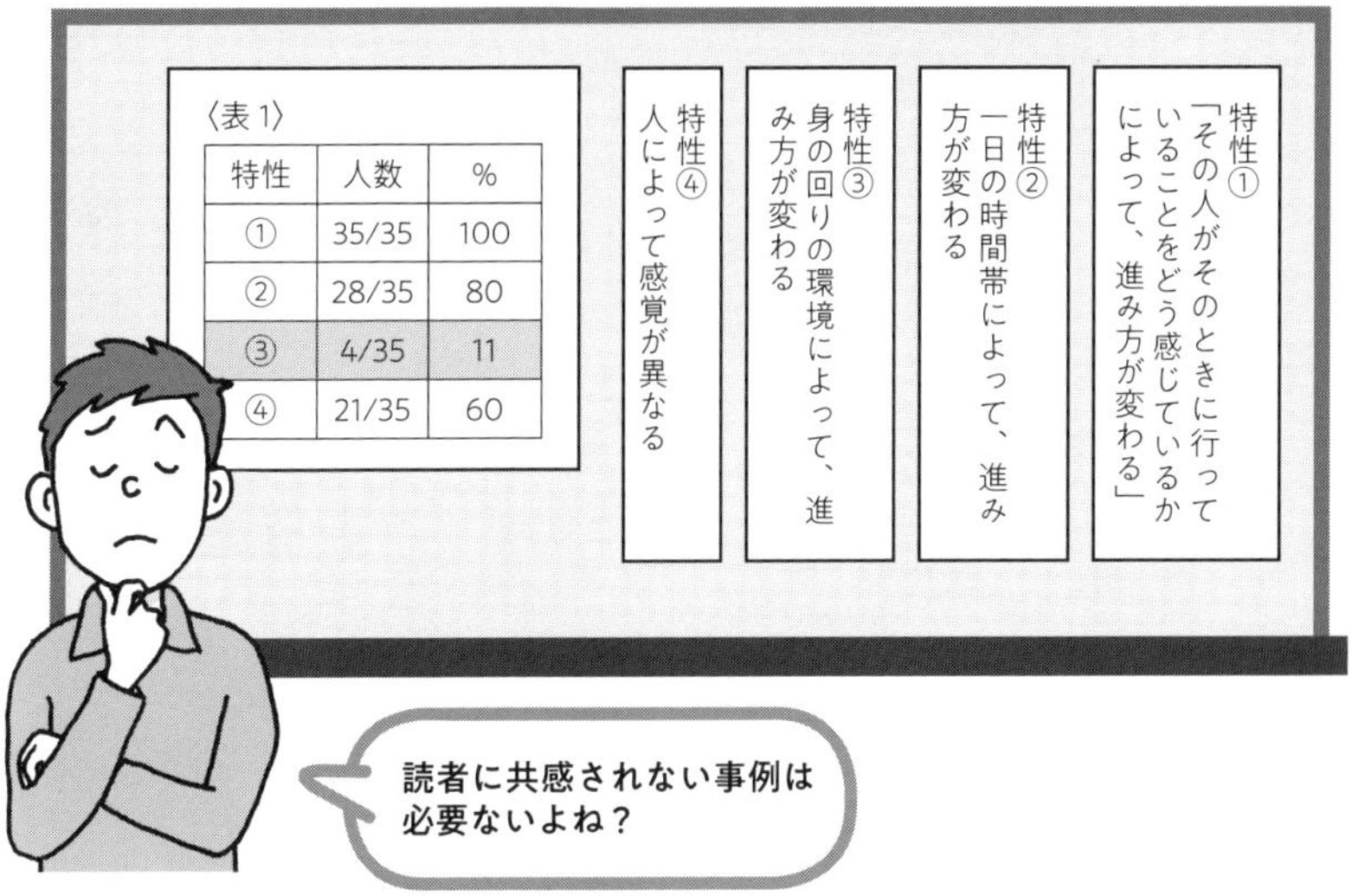
特性①
「その人がそのときに行っていることをどう感じているかによって、進み方が変わる」
特性②
一日の時間帯によって、進み方が変わる
特性③
身の回りの環境によって、進み方が変わる
特性④
人によって感覚が異なる
〈表1〉
読者に共感されない事例は必要ないよね？

特性	人数	%
①	35/35	100
②	28/35	80
③	4/35	11
④	21/35	60

【ステップ1】

まず、四つの事例の中から、共感するものを選びます。「心の時間の四つの特性」から、共感するものを選択させ、全員の選択を可視化（％で数値化）します。生活経験と結び付けて考えさせることもポイントです。

【ステップ2】

次に、共感度の低い事例の必要性を考えます。最も共感度が低いと考えられるのが、「身の回りの環境」に関する事例③です。「読者に共感されない事例は、必要ないよね？」とゆさぶりつつ、「もしもそうなっていたら」と考えることを促します。複数の事例があるよさ、筆者の意図を考える方向に展開することが重要です。

△ 直接的な問い

「なぜ、読み手にあまり共感されない事例をわざわざ取り上げるのか？」

①導入

事例を２種類に分類する活動。特性①～③が、「さまざまな事がら」の具体例となっていることを暗に意識づけるねらい。

②課題提示

学習課題は、「共感する特性は？」。特性①から④の中から、自分の経験と結び付けて、共感できるものを選ぶ。

授業展開

6年 時計の時間と心の時間

①導入

T　**心の時間には、四つの特性がありましたね（四枚のカードを貼る）。では、「くじ引き」です。カードの裏は、赤と青の二色。当たりの赤いカードは三枚あります。分かりますか？**

C　（ペアで相談後）分かりました。（T　皆にヒントを教えて！）

C　一つだけ、種類が違う特性があるので、それが青だと思います。

（特性①～③は赤、特性④のみ青になっている。）

②課題提示

T　青いカードの特性①から③は「さまざまな事がらのえいきょうを受けて進み方が変わる特性」、赤いカードの特性④は「人によって感覚が違う特性」でした。みんな、大正解です。

C　**大きく分けて二種類の特性があるということですね。**

T　**この「心の時間の四つの特性」の中で、共感するものはどれですか？　複数の特性を選んでも構いません。ノートに、選んだ特性と、自分の経験も書いてください。**

C　私は、①と②に共感します。遊んでいると、休み時間はあっと

想定される子どもの発言

● **「特性③は、なくてもいいと思います。この事例がなかったとしても、私は筆者の主張に納得できるからです」**

→教師の提案に賛同する子どもがいる場合があります。その時は、その考えを肯定的に受け止めつつ、「だとしたら、筆者は、どんな気持ちで、二つ目の事例を書いたのだろう？」と問い返します。

③展開

「もしも、三つ目の事例がなかったら？」と仮定する。読者に身近でない事例であっても、特性として挙げた筆者の意図を解釈する。

④まとめ

「主張につながる複数の事例を挙げ、説得力を高めようとしている」など、これまでに話し合った筆者の意図の解釈を整理する。

いう間です。②については、毎朝、支度の時間が足りません（笑）

③展開

T　共感した人の割合を〈表1〉に整理しました。特性①、②、④は多くの人が共感している一方で、特性③は、11パーセント。読者に共感されない事例って、必要ないのではないでしょうか。**もしも、三つ目の事例がなかったとしたら、どうかな？**

C　特性③は、なくてもいいと思います。この事例がなかったとしても、私は筆者の主張に納得できるからです。

T　そうですよね。ただ、筆者の意図としては？

C　筆者は、「はじめ」や「終わり」で書いているように、「心の時間は、これだけ様々な事がらの影響を受ける」ということを伝えたいのだと思います。「様々」だから、事例は多い方がよい。

T　事例が多い方が、説得力が高まるということですね。

C　なるほど。だとしても、私はやっぱり、読者が「確かに！」と思うような事例を書くべきだと思います。

④まとめ

T　事例の適切さには賛否あるようですが、**複数の事例を挙げることで説得力を高めようとする、筆者の意図が見えてきましたね。**

ピックアップしたい発言

● **「だとしても、やっぱり、読者が『確かに！』と思うような事例を書くべきだと思います」**

→筆者の意図を解釈した上で、自分なりに考え、事例を「不適切ではないか？」と評価している発言です。筆者の意図を解釈した上での評価を促すことが、独善的でない「適切な評価」につながります。

6年

『鳥獣戯画』を読む

（光村図書）

3／11時（第二次）

もしも、
「意見」の文末に、
「～と思う」を加え
たとしたら？

本時の目標

「事実」（絵の説明）と「意見」（筆者の解釈や評価）とを区別して捉えるとともに、「意見」を断定的に述べる筆者の意図について解釈する。

［教材のポイント］

「事実」と「意見」を見分ける際、文末表現がヒントになることがあります。「事実」を表す文は「～です」や「～ます」のように言い切る（断定的な）文末、「意見」を表す文は「～と思う」のような文末である場合が多いからです。一方、本教材には、「意見」でも、断定的な文末表現が使用されている箇所があります。「意見」でも、断定的に述べることには、説得力を高める効果があると考えられます。

「もしも発問」を生かした授業展開

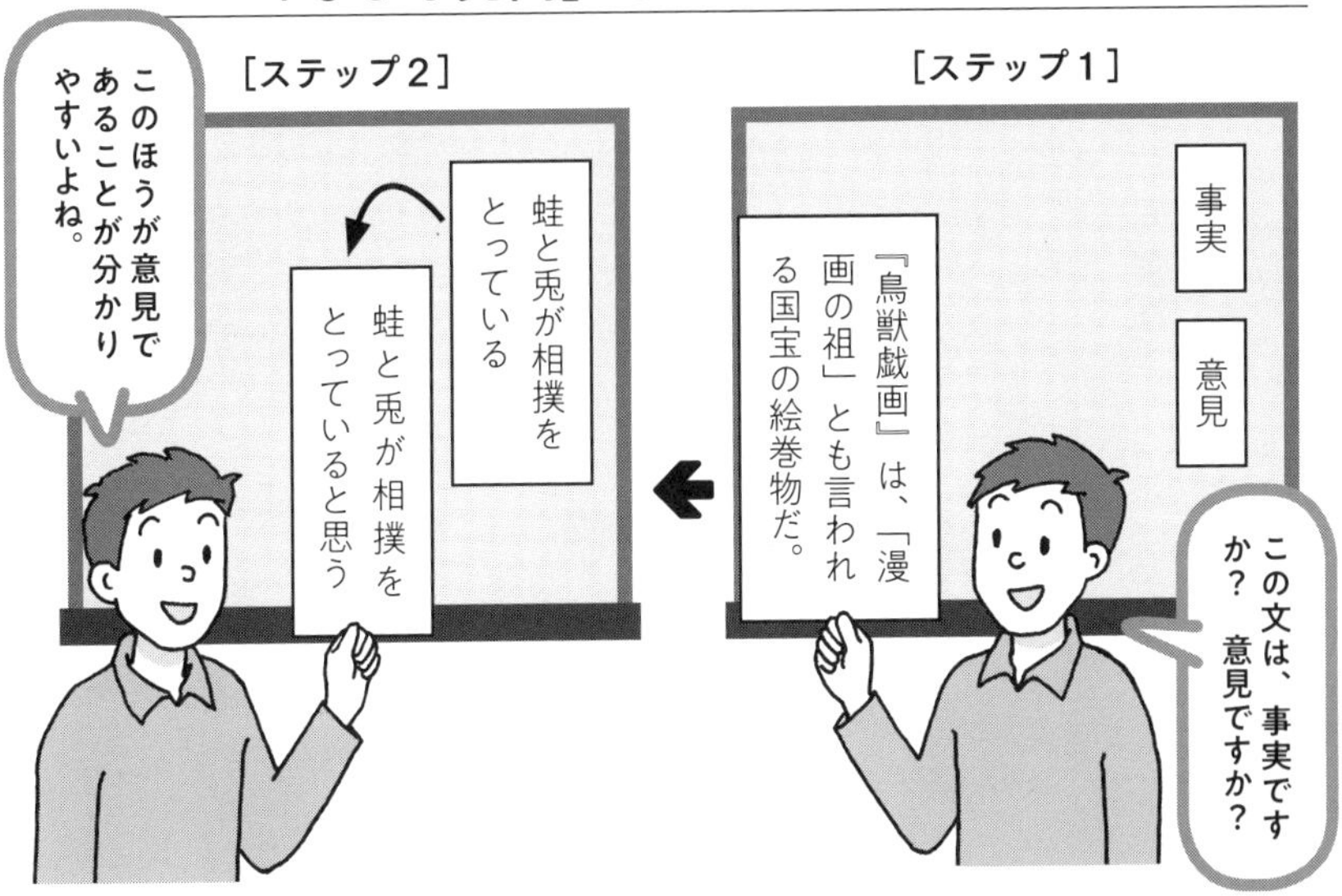
[ステップ1]
事実
意見
『鳥獣戯画』は、「漫画の祖」とも言われる国宝の絵巻物だ。
この文は、事実ですか？　意見ですか？
[ステップ2]
蛙と兎が相撲をとっている
蛙と兎が相撲をとっていると思う
このほうが意見であることが分かりやすいよね。

[ステップ1]

まず、叙述を「事実」と「意見」とに分類します。内容面だけでなく、「事実」は断定的な文末表現、「意見」は文末に「と思う」を加えた時に自然なものという表現形式の面からも、確認しておくようにします。

[ステップ2]

次に、断定的な文末の「意見」への着目を促します。

授業前半で確認した内容との「ずれ」を引き起こした上で、「『意見』であることをはっきりさせるためにも、『〜と思う』を加えた方がいいのでは？」とゆさぶり、「もしもそうなっていたら……」と考えられるように展開します。

△ 直接的な問い

「なぜ、『意見』であるにもかかわらず、断定的に書かれているのか？」

①導入

本文から抜き出した文のカードを提示し、「おみくじゲーム」を行う。楽しい活動の中で徐々に問題意識を喚起する。

②課題提示

学習課題は、「カードがどのように色分けされているか」。ゲームを繰り返す中で課題が自然に共有されるようにする。

授業展開

6年 『鳥獣戯画』を読む

①導入

T　**文章中の言葉や文を、抜き出してきました。裏返すと、色がついています。青が出たら吉、赤なら大吉です。「おみくじゲーム」、やってみたい人？**（C　数名が前に出て、カードを裏返す）

②課題提示

T　**青（吉）と赤（大吉）の見分け方、分かってきましたか？**

分かった人は、友達が考えるヒントを言ってみてください。

C　文の最後の言葉に注目する。「筆者」がヒントです。

T　（ペアでの意見交流後）多くの人が分かってきたようですね。

C　**青が「事実」で、赤が「考え」「意見」です。**

T　**見分ける方法はありますか？**

C　「事実」は、言い切っている文です。「意見」は……。

C　文のあとに、「と思います」をつけたらいいと思います。

③展開

T　**「事実」と「意見」、もう見分けられますね。この文は、どちらでしょうか？「蛙と兎が相撲をとっている」。**

想定される子どもの発言

● **「言い切る形で書かれていたことで、私たちも『事実』だと思ってしまったから、『と思います』が文末にあった方がいいと思います」**

→教師の提案に賛同する子どもがいる場合があります。その時は、その考えを肯定的に受け止めつつ、「だとしたら、筆者は、どんな気持ちで、言い切る書き方にしたのだろう？」と問い返します。

③展開

「もしも、『と思います』が文末に加わっていたとしたら？」とゆさぶる。筆者があえて断定的に述べる意図を、解釈するのがねらい。

④まとめ

「『意見』であっても、言い切ることで、説得力を高めようとしている」など、これまでに話し合った筆者の意図の解釈を整理する。

C　言い切っているから、「事実」。実際、相撲をしていますよ。

C　いや、これは「意見」かも。『鳥獣戯画』には言葉がないから、絵を描いた人に聞かないと、正確なことは分からないから……。

T　そう。実は、これは「意見」ですよね。でも、意見なら、文末に、「と思います」と書かれていた方が分かりやすいですよね。

もしも、文末に、「と思います」が加わったとしたら、どうかな？

C　なんか、自信がない感じがします。

C　筆者は、あえて、言い切る形で書いていると思います。

C　言い切ることで、読者に信じ込ませようとしている。

T　ということは、筆者が、説得力を高めるために、「意見」でも言い切る形で書いているかもしれないということですね。

④まとめ

T　今日の学習では、まず「事実」と「意見」を見分ける方法を考えました。その後、「意見」でも、言い切る文末表現で書かれているものについて話し合いました。そして、そういう表現は、読者への説得力を高めるねらいで用いられているのではないかということが見えてきました。**言い切る形で書かれていても、すぐに「事実」だと受け取らず、一歩立ち止まって考えることが大切ですね。**

ピックアップしたい発言

- **「相撲をしていると、思い込んでいました」**

→断定的に書かれていることの効果を実感している発言です。

- **「筆者は、あえて、言い切る書き方をしていると思います」**

→筆者の意図を解釈しようとする発言です。「そうすることで、どんなよさがあるのかな？」と問い返すことで、具体的な解釈を引き出します。

6年

メディアと人間社会（光村図書）

3／6時（第二次）

本時の目標

本論部と結論部との関わりを捉え、筆者の主張をどのように理解するべきか話し合うとともに、文末表現の意図について解釈する。

もしも、最後の一文の文末が「なのではないでしょうか」ではなくて、「なのです」だったら？

［本時のポイント］

高学年の説明文教材においては、結論部に、「事例のまとめ」だけでなく、「筆者の主張」が書かれていることがあります。そして、その「筆者の主張」は、本論部と結び付いている場合もあれば、一見飛躍しているように感じる場合もあります。本時では、飛躍しているように感じる「筆者の主張」について、その文末表現の在り方とともに問題にし、解釈を促しています。

「もしも発問」を生かした授業展開

［ステップ1］
⑥段落で、特に納得したのは、どの一文ですか？
［ステップ2］
メディアと付き合っていくことなのではないでしょうか
メディアと付き合っていくことなのです
こちらの方が説得力がありますよね。

［ステップ1］

まず、前時までの学習を振り返り、「中」の段落で説明されていたことを意識させます。そうすることで、「終わり」の段落の一文目から三文目の内容がよく理解できるからです（一方で、四文目の内容は、「中」の内容とのつながりが見えづらいため、うまく理解できないことが予想されます）。

［ステップ2］

次に、「終わり」の中で、特に納得した一文を選ばせます。四文目を選ぶ子どもがいない（少ない）場合、「文末が『なのです』だったら？」と仮定します。文末の問題ではないことを引き出し、内容面の検討と、文末表現の意図の解釈を促します。

△ 直接的な問い

「なぜ、『なのではないでしょうか』という文末になっているのか？」

①導入

前時の学習内容について想起させる。振り返りを行う中で、「中」の各段落の構成を板書で示しておくようにする。

②課題提示

学習課題は、「特に納得した一文は？」。第六段落の四つの文の中から、一つ選択させ、理由を交流する。

授業展開

6年 メディアと人間社会

①導入

T **前の時間は、「中」の段落の説明の工夫を学習しました。**

C 「中」の②から⑤段落には、「人間の欲求」、「発達したメディア」、「成果と課題」が、共通して書かれていました。

C 同じ構成だからこそ、理解しやすいということが分かりました。

②課題提示

T 今日は、「終わり」である⑥段落です。ここは、結論部ですので、読み手に納得してもらうことが大切ですよね。⑥段落には全部で四つの文がありますが、**特に納得した文は、どの一文ですか？**

C 私は一文目です。メディアが人間の欲求と関わりながら進化してきたということが、「中」を読んでとてもよく分かったからです。

C 二文目を選びました。今、私たちの身の回りには、様々なメディアから伝わる、大量の情報があるからです。

C 僕は三文目です。これまでに常に新しいメディアが生まれてきた歴史を考えると、今後も新しいメディアが誕生すると思うから。

③展開

ピックアップしたい発言

- **「むしろ言い切っていた方が、納得したくなくなる」**
- **「読み手である私たちに考えさせるために、『なのではないでしょうか』という文末なのかな」**

→文末表現の効果や、筆者の表現の意図に迫るような鋭い発言です。すかさず「○○さんの言っていること分かる？」や「今の発言に共感できる人？」などの問い返しを行い、共有化を図ります。

③展開

「もしも、文末が『なのです』となっていたら」と仮定する。内容面について検討しながら、文末表現の意図の解釈も促す。

④まとめ

話し合った内容を整理するとともに、四文目で筆者が重要だと主張していることが、なぜ重要なのかという問いを次時へつなぐ。

T　四文目を選択した人が、いないですね。

C　うーん。四文目は何か納得って感じがしないのですよね……。

T　もしかして、文末が「なのではないでしょうか。」と、ちょっと控えめだからでしょうか。だとしたら、**もしも、文末が「なのです」となっていたら、どうですか？**

C　いや、文末が断定的になっていたとしても、納得はできません。

C　うん、むしろ言い切っていた方が、納得したくなくなる……。

C　どうして、「私たち人間がどんな欲求をもっているか」、「メディアにどんなことを求めていることを意識し、メディアと付き合っていくこと」が重要なのかが、イマイチよく分からないのです。

C　そう、その理由が、「中」からうまく読み取れない……。

C　ひょっとしたら、ここは、読み手である私たち小学生に考えさせようとしているのかな。「なのではないでしょうか。」という文末になっているのも、そういう意図があるのかも……。

④まとめ

T　**断定的でなく、同意を求めるような文末にも、意図がありそうですね。**それでは、四文目に書かれていることがなぜ重要なのか、次の時間に話し合っていきましょう。

想定される子どもの反応

●四文目を選ぶ子どもがいる場合。

少数の場合、理由を聞いた上で、「選んだ人が少ないのは、文末が控えめだからかな？　もしも、文末が『なのです』なら、ほかの人も四文目を選ぶかな？」と展開できます。多数いる場合、「これだけ多くの人が納得できるなら、『なのではないでしょうか』という控えめな表現をやめて、『なのです』と断定した方がいいですよね」とゆさぶり、文末への着目を促します。

文学

やくそく

もしも、最後の一文がなかったとしたら？

情景描写

効果的な使い方
「おりていきました。」でおしまいでもいい？→**もしも発問**→最後の一文があるとどんな感じ？

やくそく

もしも、題名が「大きな木」だったとしたら？

題名

効果的な使い方
大きな木で起こった出来事だから、題名も「大きな木」の方がいいのでは？→**もしも発問**

くじらぐも

もしも、同じ言葉を同じように読んでしまったら？

内容理解・繰り返し表現

効果的な使い方
同じ言葉は、読み方も同じでいいよね？→**もしも発問**

たぬきの糸車

もしも、お話の最後に、たぬきの会話文があったとしたら？

内容理解

効果的な使い方
最後、帰っていくたぬきは、どんなことを思っていたのかな？→**もしも発問**

たぬきの糸車

もしも、絵に合わせて、文章も六つに分けるとしたら？

内容理解

効果的な使い方
紙芝居を作るとしたら、文章も絵に合わせて六つにする必要があるね→**もしも発問**

ずうっと、ずっと、大すきだよ

もしも、感想を書いたお手紙を送るとしたら、どちらの人に送ればいいのかな？

作者と訳者

効果的な使い方
お話を読んで、感じたことを感想に書こう→**もしも発問**

◎＝指導内容

説明文

くちばし

もしも、「問い」の文が「これはくちばしですか。」だったら？

問いと答えの関係

効果的な使い方

問いが大切なんだね！↓**もしも発問**↓問いであれば、こんな問いでもいいよね？

うみのかくれんぼ

もしも、「なにが、どのようにかくれているのでしょうか。」が全部にあったら？

全体にかかる問い

効果的な使い方

問いがあると分かりやすいし、先を読みたくなるから、増やした方がいいよね↓**もしも発問**

うみのかくれんぼ

もしも、「シロナガスクジラ」が紹介されていたら？

事例の定義

効果的な使い方

海の生き物といえば、これ―、事例は多いほうがいいよね？↓**もしも発問**

じどう車くらべ

もしも、「クレーン車」がいちばん最初に説明されていたら？

事例の順序の意図

効果的な使い方

どれも有名な車だから、どんな順番でもいいよね？↓**もしも発問**↓筆者の意図を解決する

じどう車くらべ

もしも、「はしご車」を入れるとしたら、どこに入れる？

事例の順序の意図

効果的な使い方

はしご車の「しごと」と「つくり」は？↓**もしも発問**↓筆者の意図を解決する

どうぶつの赤ちゃん

もしも、ライオンのお母さんとしまうまのお母さんがママ会をしたら？

内容理解

効果的な使い方

お母さんたちの集まり、「ママ会」って知ってる？↓**もしも発問**↓どんな話をしたと思う？

文学

ふきのとう

もしも、「ーもっこり。」がなかったとしたら？

擬態語

効果的な使い方

「ふきのとうが、かおをだしました。」って書いてあれば分かるよね？↓**もしも発問**

スイミー

もしも、「見えない糸でひっぱられている」の文に、「ように」を入れるなら？

比喩表現

効果的な使い方

見たこともない魚たちは、誰かに操られているの？↓比喩表現であることを確認↓**もしも発問**

スイミー

もしも、「あらすじ」に好きな場面だけが書かれていたら？

あらすじの書き方

効果的な使い方

先生が書いたあらすじです。好きな場面のことだけ書きました↓**もしも発問**

お手紙

もしも、他の人物（動物）にお手紙を届けてもらうとしたら、誰にお願いする？

内容理解・作品のユーモア

効果的な使い方

もしも発問↓カタツムリくんに頼んで良かったことはある？

わたしはおねえさん

もしも、自分がすみれちゃんだったら、こんな風にできないなと思うところは？

内容理解

効果的な使い方

すみれちゃんは、おねえさんとしてすごいと思う？↓**もしも発問**

スーホの白い馬

もしも、自分がスーホなら、白馬で馬頭琴をつくる？

内容理解・伏線

効果的な使い方

もしも発問↓先生は、かわいそうだからしないかな…。

◎＝指導内容

説明文

たんぽぽのちえ

もしも、文末が「のです」ではなくて、「います」だったら？

理由の文末表現

効果的な使い方

3段落の2文目4文目の文末を「います」に変えても通じるよね？↓**もしも発問**

どうぶつ園のじゅうい

もしも、文末が「ます」ではなくて、「ました」だったら？

文末表現・内容理解

効果的な使い方

ある日のことだから、2、7、9段落の文末も過去形にすべきでは？↓**もしも発問**

どうぶつ園のじゅうい

もしも、簡単な仕事から順に説明したとしたら？

時間を表す言葉

効果的な使い方

すごいなと思う仕事は？↓文章の後半で、すごいと思わせるべきでは？↓**もしも発問**

馬のおもちゃの作り方

もしも、絵や写真がなかったとしたら？

絵図や写真の効果

効果的な使い方

丁寧に読んでいけば、文章だけでも作ることができるよね？↓**もしも発問**

おにごっこ

もしも、「おに」をやらなければならないとしたら、どの遊び方を選ぶ？

内容理解

効果的な使い方

4種類（4種類）の遊び方が紹介されているね↓**もしも発問**

おにごっこ

もしも、詳しい遊び方を付け足すとしたら？

内容理解・具体と抽象

効果的な使い方

詳しい遊び方が少ない事例があるね↓**もしも発問**

文学

まいごのかぎ

もしも、りいこの体に鍵穴があったとして、鍵を入れて回したら、どんなことが起こるかな？

作品のテーマ

効果的な使い方

りいこは、桜の木、ベンチ、鯵、バスの気持ちが分かったみたいだね↓**もしも発問**

まいごのかぎ

もしも、また図工の時間に友達に絵を笑われたとしたら、りいこは今度も絵を消すかな？

内容理解・人物の変化

効果的な使い方

最初と最後で、りいこの気持ちはマイナスからプラスに変化したね↓**もしも発問**

ちいちゃんのかげおくり

もしも、最後の第5場面がなかったとしたら？

対比の効果

効果的な使い方

最後の場面は、ちいちゃんも出てこないし、なくてもいいよね？↓**もしも発問**

三年とうげ

もしも、最後の「ところでー」の部分がなかったとしたら？

読み手に考えさせる終わり方

効果的な使い方

最後の部分なしで「めでたしめでたし」でもいいよね？↓**もしも発問**

モチモチの木

もしも、じさまの腹痛が演技だったと考えるとしたら、どの部分が根拠になりそう？

内容理解

効果的な使い方

実は、じさまの腹痛は演技だという解釈をする人もいます。↓**もしも発問**

モチモチの木

もしも、5歳のときに豆太と同じ環境で、一人でしょうべんに行かなければならないとしたら？

立場による人物の見え方の違い

効果的な使い方

豆太は、本当に臆病ですよね↓**もしも発問**

◎＝指導内容

説明文

言葉で遊ぼう

もしも、1段落が「問い」の一文だけだったとしたら？

はじめの役割・話題提示

効果的な使い方

2段落で最も大切な一文は？↓問い以外の文は重要度低いよね↓**もしも発問**

言葉で遊ぼう

もしも、5段落がなかったとしたら？

おわりの役割

効果的な使い方

6段落には、問いに対する答えが書かれていないから、不要では？↓**もしも発問**

こまを楽しむ

もしも、「中」の段落の2文目以降がなかったら？

中心文以外の役割

効果的な使い方

1文目に「答え」があるから、3文目以降はいらないのでは？↓**もしも発問**

すがたをかえる大豆

もしも、「問い」の文を入れるとしたら？

かくれた問い

効果的な使い方

これまでの説明文にあった「問い」の文がないね↓**もしも発問**

すがたをかえる大豆

もしも、すがたが変わっている順に説明したら？

事例の順序・事例の分類

効果的な使い方

題名に合わせて、姿を変えている順に説明した方がいいのでは？↓**もしも発問**

ありの行列

もしも、「ウイルソンって意地悪だよね」と言う人がいたら、何と反論する？

内容理解

効果的な使い方

石でさえぎるなんて、意地悪だよね？↓**もしも発問**

文学

白いぼうし

もしも、女の子は蝶々だと考えるとすると、どの部分が根拠になりそう？

内容理解・伏線

効果的な使い方

実は、女の子は蝶々だという解釈をする人がいます→**もしも発問**

一つの花

もしも、最後の場面の「知らないかもしれません。」が、「知りません。」だったとしたら？

推測的な表現の効果

効果的な使い方

語り手なのだから、言い切ってもいいのでは？→**もしも発問**

ごんぎつね

もしも、自分が兵十の立場だったとしたら、ごんのことを撃つ？

内容理解・作品の設定

効果的な使い方

最後の場面、ごんが撃たれてしまって悲しいですね→**もしも発問**

ごんぎつね

もしも、兵十の最後の会話文が、「ごんぎつね、おまいだったのか…（略）」だったとしたら？

呼称表現と人物の心情との関係

効果的な使い方

最後だけ、呼び方が変わっているのは変だよね？→**もしも発問**

プラタナスの木

もしも、続き話があったとしたら、マーちんたちは、公園のことを何と呼ぶかな？

内容理解

効果的な使い方

公園にはプラタナスの木がなくなってしまったから、今後は何て呼ぶのかな？→**もしも発問**

初雪のふる日

もしも、題名にサブタイトルをつけるとしたら？

内容理解・読後感

効果的な使い方

この作品をどんな作品だと感じましたか？→**もしも発問**

◎＝指導内容

説明文

思いやりのデザイン

対比

もしも、二つの事例の良いことだけが書かれていたとしたら？

効果的な使い方

事例の短所をわざわざ書く必要があるかな？→**もしも発問**

アップとルーズで伝える

説明内容の一般化

もしも、新聞の事例が書かれていなかったとしたら？

効果的な使い方

テレビの事例だけで十分伝わるのでは？→**もしも発問**→筆者が８段落を入れた訳は？

アップとルーズで伝える

文章構成の型

もしも、この文章を「尾括型」にするとしたら、どの一文を削る？

効果的な使い方

この文章は、「思いやりのデザイン」と同じ「双括型」です→**もしも発問**

世界にほこる和紙

内容理解・批判的な読み

もしも、この文章を「洋紙」を作っている人が読んだとしたら、どう感じるだろう？

効果的な使い方

和紙のよさは？→**もしも発問**→洋紙のよさも書くべきではないか？

世界にほこる和紙

説明内容の選択

もしも、「和紙」の欠点も書かれていたとしたら？

効果的な使い方

洋紙の使用が多い理由は、和紙に欠点があるから？→**もしも発問**→欠点を書かない筆者の意図は？

ウナギのなぞを追って

図の効果・図を用いた筆者の意図

もしも、図１～図７の中で、一つだけ削除しなければならないとしたら？

効果的な使い方

都合により、図を一つ削る必要があるとします（仮の状況設定）→**もしも発問**

文　学

なまえつけてよ

もしも、「何かを渡された」→「小さな馬を渡された」だったら？

読み手に考えさせる表現の効果

効果的な使い方

あえて、一旦「何か」と言う必要はないよね？↓**もしも発問**

なまえつけてよ

もしも、「何か書いてある」→「なまえつけてよと書いてある」だったら？

読み手に考えさせる表現の効果

効果的な使い方

あえて、一旦「何か」と言う必要はないよね？↓**もしも発問**

たずねびと

もしも、最後の場面に、わたしとお兄ちゃんの会話があったとしたら？

内容理解

効果的な使い方

お兄ちゃんと一緒にいて、会話文がないのはこの場面だけですね↓**もしも発問**↓どんな内容かな？

たずねびと

もしも、作品に続きがあったら、家に戻ったわたしは、お母さんにどんな話をすると思いますか？

内容理解・主題

効果的な使い方

元々はお母さんも一緒に行くはずだったのですよね。↓**もしも発問**

大造じいさんとガン

もしも、「まえがき」の部分がなかったとしたら？

作品の設定

効果的な使い方

前書きの部分がない教科書もあるのですよ↓**もしも発問**↓あることの良さは？

大造じいさんとガン

もしも、最後の場面が「ある小雨が降る春の朝でした。」だったら？

情景描写

効果的な使い方

天気はどうだろうと関係ないよね？↓**もしも発問**

◎＝指導内容

説　明　文

見立てる

もしも、「はじめ」か「終わり」のどちらかをなくすとしたら？

効果的な使い方

何型の文章？→字数の都合で、結論を一つにする必要があります（仮の状況）→**もしも発問**

文章構成・要旨

言葉の意味が分かること

もしも、「言葉の意味は面である」という表現を使わなかったとしたら？

効果的な使い方

「言葉の意味には広がりがある」に統一した方が分かりやすいのでは？→**もしも発問**

比喩的な表現の効果

固有種が教えてくれること

もしも、アマミノクロウサギの説明から文章が始まっていたら？

効果的な使い方

わざわざ普通のウサギのことを話題に出す必要はないよね？→**もしも発問**

意外性を強調する書き出し

固有種が教えてくれること

もしも、資料を一つ増やせるとしたら、どんな資料を増やす？

効果的な使い方

この文章を読んで初めて知ったことが多いですよね→**もしも発問**

資料の効果

想像力のスイッチを入れよう

もしも、『』（二重かぎ）で示す部分を3つに絞るとしたら？

効果的な使い方

もしも発問→筆者が四つを『』（二重かぎ）で示した意図は？

内容理解・批判的な読み

想像力のスイッチを入れよう

もしも、最後に「メディアの努力は、〇〇することだ」という一文があったとしたら？

効果的な使い方

もしも発問→メディアの努力についても書かれている必要があるか？

内容理解・批判的な読み

文学

帰り道

もしも、「1」と「2」を入れ替えたとしたら？

作品の設定と作品の構造

効果的な使い方

同じ内容が別の視点で書かれているだけですよね。↓**もしも発問**

帰り道

もしも、「1」だけだったとしたら、作品の主題は？

作品の構造・主題

効果的な使い方

もしも発問↓「1」と「2」の両方がある場合との違いは？

やまなし

もしも、「また五月」という場面があったとしたら、上から落ちてきたものに兄弟はどう反応する？

内容理解

効果的な使い方

かにの兄弟の成長が描かれているという解釈があります↓**もしも発問**

やまなし

もしも、最初の一文と最後の一文がなかったとしたら？

作品の設定

効果的な使い方

もしも発問↓最初と最後の一文には、どんな意味があるのだろう？（あることのよさは？）

海の命

もしも、巨大なクエを打たなかったことを話すとしたら、誰に話す？（母、妻、息子、娘、その他）

内容理解

効果的な使い方

もしも発問↓どうして太一は話さないことにしたのかな？

海の命

もしも、題名が「海の命」ではなかったとしたら、どんな題名にする？

主題

効果的な使い方

もしも発問↓作者が「海の命」という題名にしたのはどうしてかな？

◎＝指導内容

説明文

笑うから楽しい

もしも、人は「楽しいから笑う」と言い張る人がいたら、どの段落の内容を取り上げて説明する？

内容理解・事例の効果

効果的な使い方

もしも発問→②、③段落を取り上げる人が多いですね（事例が説得力を高めることを確認する）

笑うから楽しい

もしも、①段落から、「悲しいときに泣く」や「泣くと悲しくなったり」という叙述をなくしたら？

初めと中との関係

効果的な使い方

冒頭に書かれていることと事例の内容は一致していた方がいいよね？→**もしも発問**

時計の時間と心の時間

もしも、時間の進み方が最も速い状況を作るとしたら、どんな環境にすればよい？（その逆は？）

内容理解

効果的な使い方

心の時間の進み方について、もう理解できましたよね？（挑発的に）→**もしも発問**

『鳥獣戯画』を読む

もしも、「人類の宝」以外の表現を用いるとしたら？

内容理解・筆者の主張

効果的な使い方

「人類の宝」の表現は適切だという人、過剰だという人がいます→**もしも発問**

『鳥獣戯画』を読む

もしも、文末が「―だ。」のようになっていたとしたら？

体言止めの効果

効果的な使い方

「返し技。」「野ウサギ。」など、ぶっきらぼうに感じませんか？→**もしも発問**

大切な人と深くつながるために

もしも、「大切な人と深くつながるために大切なことは〇〇」と筆者の主張を一言で表すとしたら？

内容理解・筆者の主張

効果的な使い方

この文章を通して、筆者が最も伝えたいことは何かな？→**もしも発問**

おわりに

あるとき、担任しているクラスの子どもから、ニコニコ顔で、このように指摘されました。

「先生の提案は、いつも却下されますね。」

国語の授業で、私（髙橋）が、「もしも……」と、提案する内容は、毎回毎回、受け入れがたい内容であり、多くの手厳しい反対意見が飛び交った末、最終的にはいつも却下される、と言うのです。

さらにその子は、「先生が提案してきたことに対しては、その逆を考えることで、だいたい何かが見えてくるんですよね。」とも話していました。「もしも発問」の秘密、つまり、「『否定』を前提とした発問である」ということに、完全に気付いていたのです。

「もしも発問」の授業展開が、パターン化（定式化）しやすいということを自覚した瞬間でした。

ちなみに、この子は、「もしも発問」の国語授業に、特に意欲的に参加してくれている子でした。「もしも発問→否定→新たな学びの発見」という授業展開のパターンをいち早く見出し、それを楽しんでいたようなのです。パターン化は、子どもたちの安心感を生む側面もありますが、よく考えずに、「とりあえず否定しよう」といったことにもなりかねないので、注意が必要だと感じています。

このように、「もしも発問」の国語授業には、「教師が教えたいことを、子どもが学びたいことに転化する」ことができるという大きなメリットがある一方で、ここで挙げたような配慮すべき点もあるのです。どんな指導方法にも言えることですが、メリット・デメリットを理解した上で、先生方の目の前の子どもたちに合った形で、ご活用いただけたら幸いです。

さて、私には、人生を変える出会いが二度ありました。

一度目は、国語教育を志すきっかけとなった、恩師である長崎伸仁先生との出会いです。

そして、二度目が、桂聖先生との出会いです。桂先生のおかげで、今の私があります。

桂先生も、長崎先生に学ばれたお一人。私からすると、言わば、兄弟子です。思い返すと、桂先生との出会いは、長崎先生のお計らいでした。研究会で引き合わせてもらって以来、ずっと温かいご指導をいただいています。これまでご指導いただいたこと、そして、この単著出版の機会をいただいたことを心から感謝していますし、これからも桂先生と一緒に、「草莽崛起の精神」で頑張っていきたいと、強く思っています。桂先生、今後もよろしくお願いします。本当にありがとうございました。

また、私には、この場をかりて、感謝の気持ちを伝えたい方々がたくさんいます。

まず、福地龍郎校長先生、雨宮秀樹副校長先生、主幹教諭の鶴田真樹先生をはじめ、山梨大学教育学部附属小学校の先生方、日頃より本当にお世話になり、ありがとうございます。そして、いつも温かく見守り、励まし続けてくださっている石丸憲一先生、岩永正史先生にも、心から感謝申し上げます。

最後に、本書の企画への的確なアドバイスをいただいた東洋館出版社の大場亨さん、本書の担当をしてくださった東洋館出版社の刑部愛香さんに、感謝申し上げます。特に、刑部さんには、感謝が尽きません。刑部さんの丁寧で細やかなサポートがあったからこそ、本書を書き上げることができました。刑部さんに担当していただけて本当によかったです。ありがとうございました。

髙橋達哉

参考文献

●青木幹勇・今村資泰・高田亘・牛丸仁（一九七六）『国語科ゆさぶり発問』明治図書出版
●阿部昇（二〇〇四）「国語科の教科内容解明という課題」『全国大学国語教育学会発表要旨集一〇六』全国大学国語教育学会
●市川孝（一九七八）『国語教育のための文章論概説』教育出版（第2章　2年「馬のおもちゃの作り方」）
●岩永正史（一九九六）「認知科学の二つの流れと国語科教育研究」、田近洵一編『国語教育の再生と創造』教育出版
●江川玟成（二〇〇五）『子どもの創造的思考力を育てる16の発問パターン』金子書房
●大内善一（一九九〇）『国語科教材分析の観点と方法』明治図書出版（第2章　3年「ありの行列」）
●大内善一（二〇一八）『修辞的思考を陶冶する教材開発』渓水社（第2章　4年「プラタナスの木」）
●岡崎誠司（一九九五）『社会科の発問 -If-then でどう変わるか』明治図書出版
●工藤哲夫・中村和弘・片山守道編（二〇一九）『小学校・中学校　学習用語で深まる国語の授業』東洋館出版社
●桂聖（二〇〇三）『フリートークで読みを深める文学の授業』学事出版（第2章　6年「やまなし」）
●桂聖（二〇一一）『国語授業のユニバーサルデザイン』東洋館出版社
●桂聖・授業のユニバーサルデザイン研究会沖縄支部編（二〇一二）『教材にしかけをつくる国語授業10の方法』東洋館出版社
●桂聖（二〇一八）「国語授業のUD化に関する教師の力量形成―読むことの模擬授業における20の観点―」『授業UD研究第6号』日本授業UD学会
●桂聖（二〇一八）「『マイナス・プラス読み』で物語文を読む」『子どもと創る「国語の授業」No.60』全国国語授業研究会・筑波大学附属国語教育研究部
●西郷竹彦（一九八九）『文芸学辞典』明治図書出版
●下村健一（二〇一六）「インタビュー　想像力のスイッチを入れよう」『小学校国語教育相談室 No.87』光村図書出版（第2章　5年「想像力のスイッチを入れよう」）
●世羅博昭編著（二〇〇五）『6年間の国語能力表を生かした国語科の授業づくり』日本標準
●長崎伸仁（一九九二）『説明的文章の読みの系統』素人社
●長崎伸仁（一九九七）『新しく拓く説明的文章の授業』明治図書出版
●長崎伸仁（二〇〇五）『表現力を鍛える説明文の授業』明治図書出版

●長崎伸仁・桂聖（二〇一六）『文学の教材研究コーチング』東洋館出版社（第2章　6年「海の命」）
●髙橋達哉（二〇一三）「『比較』と『選択』で、読解と表現をつなぐ説明文の授業～「すがたをかえる大豆」（光村図書・小学3年）～」長崎伸仁他編著『読解と表現をつなぐ文学・説明文の授業』学事出版
●髙橋達哉（二〇一七）「『論理的思考力』・『批判的思考力』の育成を意識した教材研究と授業づくり」『教育科学　国語教育　八一二号』明治図書出版
●髙橋達哉・正木友則（二〇一七）「アクティブラーニングを支える今月の学習課題と授業づくり　5月　小6」『教育科学　国語教育　八〇九号』明治図書出版（第2章　6年「時計の時間と心の時間」）
●髙橋達哉・三浦剛（二〇一八）『国語教師のための読解ツール10＆24の指導アイデア』明治図書出版
●田近洵一編（二〇一四）『文学の教材研究―〈読み〉のおもしろさを掘り起こす』教育出版（第2章　4年「一つの花」）
●田中博史（二〇〇二）『算数的表現力を育てる授業』東洋館出版社
●田中実・須貝千里（二〇〇一）『文学の力×教材の力　理論編』教育出版
●筑波大学附属小学校国語教育研究部（二〇一六）『筑波発　読みの系統指導で読む力を育てる』東洋館出版社
●鶴田清司・河野順子編（二〇一二）『国語科における対話型学びの授業をつくる』明治図書出版
●豊田ひさき（二〇〇七）『授業力アップへの挑戦12　集団思考の授業づくりと発問力　理論編』明治図書出版
●豊田ひさき（二〇一八）『東井義雄　子どものつまずきは教師のつまずき―主体的・対話的で深い学びの授業づくり』風媒社
●内藤博愛（二〇〇七）『子どもがハッとする「ゆさぶり発問」の作り方』学事出版
●中村和弘・大塚健太郎編著（二〇一九）『考える力を高める国語科の授業づくり』文溪堂
●正木友則（二〇一八）「説明的文章の学習指導におけるゆさぶり発問―集団思考の深化・拡充を図る現代的展開―」『授業UD研究　第5号』日本授業UD学会
●森田信義（一九八四）『認識主体を育てる説明的文章の指導』渓水社
●森田信義（一九八七）『筆者の工夫を評価する説明的文章の授業』明治図書出版
●文部省（一九四六）「くぎり符号の使ひ方〔句読法〕（案）」（第2章　5年「たずねびと」）
●吉本均（一九七九）『学級で教えるということ』明治図書出版
●吉本均著、白石陽一・湯浅恭正編（二〇〇六）『学級の教育力を生かす吉本均著作選集5』明治図書出版

著者紹介（2020年2月現在）

髙橋達哉（たかはし・たつや）

山梨大学教育学部附属小学校教諭。山梨大学教育学部非常勤講師兼任。

1986年生まれ。山梨県公立小学校教諭を経て現職。

全国国語授業研究会監事。山梨・国語教育探究の会代表。日本授業UD学会山梨支部代表。全国大学国語教育学会、日本読書学会、日本LD学会会員。

共著に『「読むこと」の授業が10倍楽しくなる！　国語教師のための読解ツール10 & 24の指導アイデア』（明治図書出版）があるほか、『「めあて」と「まとめ」の授業が変わる「Which型課題」の国語授業』（東洋館出版社）、『対話がぐんぐん伸びる！　文字化資料・振り返り活動でつくる小学校国語科「話し合い」の授業』（明治図書出版）、『「判断」を促す文学の授業　気持ちを直接問わない授業展開』など、多数の分担執筆がある。

国語授業イノベーションシリーズ

INNOVATION 国語授業イノベーションシリーズ

「日本の教育を変える」という志のもと、
筑波大学附属小学校教諭・桂 聖が中心になって企画するシリーズ。
『「めあて」と「まとめ」の授業が変わる「Which型課題」の国語授業』（桂聖編著・N5国語授業力研究会著、東洋館出版社）を原点の本とし、1人1人の実践者・研究者が国語授業をよりよくするための理論や方法を提案する。

国語授業イノベーションシリーズ
「一瞬」で読みが深まる「もしも発問」の国語授業

2020（令和2）年3月10日　初版第1刷発行
2021（令和3）年3月28日　初版第2刷発行

著　者　髙橋達哉
発行者　錦織圭之介
発行所　株式会社東洋館出版社
〒113-0021　東京都文京区本駒込5丁目16番7号
営業部　電話03-3823-9206　FAX03-3823-9208
編集部　電話03-3823-9207　FAX03-3823-9209
振替　00180-7-96823
URL　http://www.toyokan.co.jp

［装幀・本文デザイン］中濱健治
［イラスト］パント大吉
［印刷・製本］藤原印刷株式会社

ISBN978-4-491-04084-4　　Printed in Japan